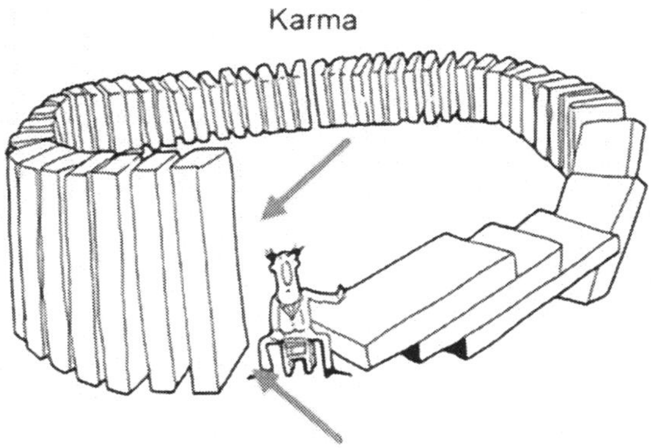

Im Internet gesehen, leider ohne Hinweis auf den Urheber.

Angela D. Kosa

Mein Karma Coach bin ICH!

MaHaBote hilft Ihnen, Ihren Platz im Orchester, d.h. Ihre Rolle in der Gesellschaft zu finden, indem es Sie im Notenlesen des Liedes Ihrer Seele und Ihres Lebens schult.

Finden Sie heraus, ob Sie Herrscher oder Diener, Schöpfer oder Erneuerer, Händler oder Helfer, Krieger oder Richter sind. Lernen Sie diese „Rolle“ (dieses Karma) zu Ihrem Wohle und zum Wohle aller Beteiligten mit Leben zu füllen. Ihr Schlüssel hierzu ist der Planet, der Ihren Wochentag, an dem Sie geboren sind, repräsentiert.

Nutzen Sie die förderlichen Potenziale, zu denen Sie einen leichteren Zugang haben und kümmern sich um die Balancierung Ihrer Schwächen. Auch dabei hilft Ihnen das MaHaBote Karma Chart. Man nennt es auch: Das Haus in dem Ihre Seele wohnt.

MaHaBote lernen ist wie Notenlesen lernen: je mehr Sie sich damit beschäftigen und üben, desto eher helfen Sie durch (Selbst-) Erkenntnis Ihrem Karmas auf die Sprünge. Und schließlich wird es auch Ihnen leichter fallen, Ihre wohltönenden Saiten zum Schwingen zu bringen, um sich einfacher im Einklang mit sich und Ihrer Umwelt zu bringen. Dann lassen sich auch die härteren Lebensaufgaben einfacher meistern, Beziehungen harmonischer gestalten und Ziele mit weniger Aufwand leichter erreichen.

IMPRESSUM

Mein Karma Coach bin ICH!
Karma analysieren, verstehen, bewältigen -
mit Hilfe der Grundlagen der MaHaBote-Astrologie
aus Myanmar (Burma)

ISBN-13: 978-1482516623
ISBN-10: 1482516624

1. Auflage

Autor: Angela D. Kosa
Herausgeber: Celestinal Verlag

Website zum Buch: http://mahabote-karmacoaching.de

iPhone App: MaHaBote2012

Celestinal Verlag
c/o Angela D. Kosa
Apartado 4
35640 La Oliva, Las Palmas
Islas Canarias
http://celestinal-verlag.de
info@celestinal-verlag.de

INHALT

Widmung & Danksagung

Dieses Buch ist meinen Freunden, Förderern und Herausforderern gewidmet. Danken möchte ich an dieser Stelle meinen MaHaBote Schülern und Karma Coaching Klienten für die Treue und Motivation während des jahrelangen Wartens auf dieses Buch. Besonderer Dank gilt auch der Lektorin der bereits erschienen Kindle-Edition dieses Buches.

Mit diesem Buch hat sich erstmals vollumfänglich die „Vorhersehung" meiner Lateinlehrerin vom Abendgymnasium manifestiert: „Ich sehe Sie eher in der schreibenden Zunft." Ihre Hingabe, Latein so aufzubereiten, dass es für jeden mit Freude und Leichtigkeit erlernbar ist und ihr Einsatz – zumindest mich – zu Höchstleistungen zu motivieren, sind mir bis heute ein Vorbild für meinen eigenen Bereich, das MaHaBote, geblieben. Ihr Glaube an mich und eines meiner Haupt-Talente, das Schreiben, sind nach wie vor meine treuesten Weggefährten. Ich hoffe daher sehr, dass es mir nun hiermit gelingt, nicht nur die in mich gesetzten Erwartungen zu erfüllen, sondern auch etwas von der erfahrenen Hingabe und Motivation sowie den Glauben an sich selbst weiterzugeben.

Das wäre für mich die schönste Form des Dankes für die Segnungen, die ich durch sie und alle anderen Förderer – und auch Herausforderer – bisher erleben durfte.

VORWORT

Heilige Dreikönige, Januar 2004. In der Pause eines Seminares für indisches Fengshui (Vasati/Vastu) baut der Dozent, Marcus Schmieke, einen kleinen „Werbeblock“ für seine neueste Software ein. Er fragt mich nach meinem Geburtsdatum – und sicherheitshalber noch nach meiner Geburtsuhrzeit. Mein Geburtswochentag ist ein Mittwoch, genauer gesagt: Mittwoch Nachmittag. Was es damit auf sich hat, erfährt der Leser später in diesem Buch. Per Beamer erscheinen an der Wand sieben Quadranten aufeinander gebaut mit Planeten-Bezeichnungen. In weniger als drei Minuten bringt Marcus Schmieke dann mein Wesen mit allen Stärken, Schwächen, Sehnsüchten, Widersprüchen und sogar familiären Verhältnissen so exakt auf den Punkt wie nie zuvor eine astrologische Auswertung zuvor. Nach der anfänglichen Sprachlosigkeit sind meine ersten Worte: "Was ist das?" „Wie heißt das?“ „Kann man das Essen?“ „Wo kann man das lernen?“ Seine Antworten: „Das ist MaHaBote, eine Astrologie aus Burma!“ „Nein, nicht essbar!“ „Lernen kannst Du es bei mir!“

Dass Marcus Schmieke das System – auch in seinem Buch – etwas auf den Kopf gestellt und vergessen hatte, seine Quellen zu nennen, obwohl er teilweise wörtlich daraus zitiert, sollte mir erst zwei Jahre später „zufällig“ auffallen. Bei Sandy Crowther (USA), die seit Mitte der 80er Jahre des vorigen Jahrhunderts im Westen über die Einhaltung der Regeln des MaHaBote wacht, legte ich dann 2007 mein Diplom zum MaHaBote-Lehrer im traditionellen MaHaBote ab.

Seit meiner ersten Begegnung mit dem MaHaBote hat sich vieles in meinem Leben verändert – vor allem zum Positiven hin.

Der Beginn einer Laufbahn als MaHaBote-Astrologin?

Meine einstige „Haus- und Hof-Kartenlegerin" motivierte mich herauszufinden, welcher Art die Berufung sein könnte, die für mich im MaHaBote steckte. Sie empfahl mir, meine Kenntnisse durch astrologische Beratungen zu prüfen und weiter zu entwickeln.

Nachdem ich meine Grundkenntnisse in der vedischen Astrologie gefestigt und mein erstes MaHaBote-Diplom in der Tasche und die von meiner Kartenlegerin eingereichten anonymisierten Daten (zur Partnerschaftsanalyse) korrekt gedeutet hatte, startete ich – mit weichen Knien – meine kurze Karriere bei einer der ersten und größten Astro-Hotlines, über welche ich auch meine Kartenlegerin kennengelernt hatte. „Kurze Karriere" bedeutet: vier Monate. Kurz war sie aus zwei Gründen:

Erstens: nach wenigen Wochen blieben trotz Bestbewertungen plötzlich die Anrufe aus. Man sagt, dass ein „Berater" immer die Fragen oder Fälle bekommt, die bei einem selbst noch nicht gelöst sind oder womit man sich selbst gerade beschäftigt. Das traf auch auf mich zu. Doch nachdem ich diese Aufgabe gelöst hatte (endgültiges „off" einer vierjährigen „on-off-Beziehung"), blieben auf einmal die Anrufe aus. Obwohl ich Tag und Nach online war und mit Sonderpreis-Aktionen warb, rief so gut wie niemand mehr an. Und das lag auch nicht an der Technik oder dem Telefon, sondern vielleicht eher mit dem zweiten Grund.

Zweitens war ich zu der Erkenntnis gelangt, dass mein Verständnis von Astrologie erheblich von dem abwich, wonach die Anrufer fragten. Sie fragten nach dem „Wann“, bestenfalls noch nach dem „Warum“, jedoch nie nach dem „Was kann ICH TUN?“. Es ist müßig sich an dieser Stelle zu überlegen, woran diese „Passivität“ in Bezug auf die Übernahme von Verantwortung für das eigene Schicksal bei der Zielgruppe sämtlicher Astrologie-Hotlines liegen mag. Was war zuerst da? Die Passivität der Ratsuchenden oder das „Astrotainment“ (=Astrologie + Entertainment), die diese Haltung zum persönlichen Schicksal noch fördert?

Von der ersten Astrologie-Unterrichtsstunde an war mir klar, dass ich mich niemals als Orakel betätigen und Prognose erstellen würde. Dabei ist es bis heute geblieben. Es gibt allenfalls Zeitpunkte oder Lebensphasen, deren Qualität für das eine oder andere förderlicher ist, als andere, doch was der einzelne daraus macht, bleibt seine freie Entscheidung. Astrologie im Allgemeinen und das MaHaBote im Besonderen sollten für mich und meine „Klienten“ oder „Schüler“ nicht eine Frage des Glaubens, sondern des Willens und des Verstandes, der Logik und der Selbstverantwortung sein.

MaHaBote hat seither nicht nur mir, sondern vielen weiteren Menschen, die mir in den zurückliegenden acht Jahren begegnet sind, den Weg zur Selbsterkenntnis geebnet. Mehrere hundert Teilnehmer auf Vorträgen, Workshops und Seminaren waren allein von der Treffsicherheit des Geburtsplaneten, der über den Geburtswochentag herrscht, hochgradig erstaunt. Zudem ist MaHaBote so einfach zu erlernen und anzuwenden, dass es einem leichter fällt, sich in einem detaillierten Zusammenhang mit seinen Mitmenschen zu sehen, der Familie, dem Partner oder den Chefs und Kollegen. Die Rückmeldungen, die ich gelegentlich vor allem von meinen MaHaBote-Schülern bekomme, berichten von einer größeren Toleranz den Mitmenschen gegenüber und einem tieferen Verständnis für die Zusammenhänge zwischen der eigenen Persönlichkeit und die der anderen. Die persönlichen Entwicklungen, die einige – motiviert aus dem MaHaBote heraus – über die Jahre vollzogen haben, sind teilweise sehr beeindruckend positiv. Vielen ist es gelungen, blockierende Verhaltensmuster an sich zu erkennen und Zug um Zug aufzulösen. Andere stecken noch mittendrin.

Auch um mich machen Aufgaben, Probleme oder Herausforderungen keinen Bogen, nur weil ich MaHaBote kann und mein MaHaBote und das meiner nächsten Mitmenschen kenne. Doch ich sehe die Themen – und die Menschen, die sie mir „übermitteln" mit anderen Augen und nutze zur Bewältigung die zusätzlichen Möglichkeiten, Hilfestellungen und Erkenntnisse, die das MaHaBote für jeden bereithält.

Nachdem meine mehrjährige berufliche Odyssee zu einem Stillstand gekommen ist und mir nun erstmals zeitliche sowie finanzielle Möglichkeiten offen stehen, habe ich das MaHaBote wieder intensiv aufgenommen. Das begann im Herbst 2011 mit den Vorbereitungen für die erste deutsche MaHaBote-App, die seit Anfang Januar 2012 bei iTunes erhältlich ist und setzt sich nun mit diesem Buch fort.

Auch weil mir immer mehr Menschen mit der Frage begegnen „was kann ICH TUN", glaube ich, dass jetzt ein guter Zeitpunkt ist, Antworten, Hilfestellungen, Handlungsempfehlungen und Tipps zu liefern, die das MaHaBote bereit hält, das eigene Karma zu analysieren, zu verstehen und zu bewältigen.

Diese Buch "Mein Karma Coach bin ICH!" ist der erste Teil einer MaHaBote-Trilogie. Es beschäftigt sich zunächst mit der Person und ihren Aufgaben als solches. Denn wenn wir hier schon erste Veränderungen erfolgreich vornehmen, verbessern sich unsere Beziehungen und auch die beruflichen Perspektiven. Es ist geplant, zwei weitere Bücher zu veröffentlichen. Eines, das sich mit Beziehungen und Partnerschaften aus Sicht des MaHaBote beschäftigt und eines, das berufliche Themen zum Inhalt hat.

Wie Sie das Buch lesen, bleibt Ihnen überlassen. Natürlich können Sie gleich zu den Berechnungen übergehen. Um jedoch die für die meisten doch fremde Philosophie und den Zusammenhang zwischen Karma und MaHaBote zu verstehen, empfiehlt sich auch die Lektüre der dazwischenliegenden Kapitel.

Den Vorläufer dieses Buches gibt es seit dem 19.01.2013 bei Amazon in elektronischer Form (Kindle-edition).

Es zählte zu den ersten zweihundert Kindle-Büchern in der Rubrik „Astrologie“. Warum hatte ich mich entschieden, dieses Werk zunächst als Kindle-ebook zu veröffentlichen?

Dafür sprachen gleich mehrere Gründe:

1. Keine Kosten für den Autor
2. Jederzeitige Korrektur- und Anpassungsmöglichkeiten an die Wünsche der Leser
3. Durch die Kindle-App ist auf fast allen modernen elektronischen Lesegeräten lesbar

4. Komfortables "Cross-Lesen" durch Verlinkung auf einzelne Kapitel
5. Kopierschutz

Die Nachfrage gleich am Anfang war überwältigend. Vor allem von den tageweisen Gratis-Angeboten machten über eintausend fünfhundert Amazon-Nutzer Gebrauch. Das Angebot, sich weitere Tabellen von der Buch-Website herunter zu laden und sich in den Newsletter einzutragen wurde zahlreich angenommen.

Drei Dinge freuen mich in diesem Zusammenhang besonders:

Erstens gab es im Rahmen der Veröffentlichung der ebook-Version eine Wiederbelebung alter, eingeschlafener Kontakte. Darunter waren auch Besucher meiner „Lesungen“ von 2006 (damals ohne Buch!).

Zweitens: die hohe Zahl der männlichen Newsletter-Abonnenten, die sich mit denen der weiblichen in etwa die Waage hält. Für mich ist das ein Zeichen, dass dieses Buch so wenig Esoterisches wie nötig enthält, um somit auch dem im Allgemeinen eher „rational“ handelnden männlichen Geschlecht auf Interesse zu stoßen.

Drittens: die sehr wohlwollenden Kundenrezensionen bei Amazon.

Schnelleinstieg

Wenn Sie schon mit dem traditionellen MaHaBote vertraut sind und gleich in die Berechnung und Deutung Ihres MaHaBote Karma Charts einsteigen wollen, empfiehlt es sich, das im Internet hinterlegte Dokument "Schnelleinstieg" herunterzuladen.

Dazu melden Sie sich auf der folgenden Website kostenlos an. Nach dem Drücken des Buttons werden Sie sofort auf die entsprechende Seite weitergeleitet. Dort können Sie sich dieses und weitere Dokumente herunterladen. Ebenso gibt es dort einen Rechner zur Ermittlung des Wochentags, an dem Sie bzw. die betreffende Person geboren wurde.

Die auf dieser Seite hinterlegten Inhalte sind für die Leser des Buches kostenfrei, wenn sie für private Zwecke genutzt werden.

http://mahabote-karmacoaching.de/anmeldung-mahabote-tools-und-tabellen/

Falls Sie Moment keinen Zugriff auf das Internet haben, empfehlen sich folgende Kapitel, um gleich loszulegen:

Der Geburtsplanet

Berechnen des Geburtsplaneten

Sowie:

Erstellung des MaHaBote Karma Charts

Übersicht über die Häuser

I. Karma

Was ist Karma?

In unserem Kulturkreis wird der Begriff "Karma" gern in Zusammenhang mit schwierigen Beziehungen bzw. Partnerschaften verwendet. Genauer gesagt versuchen sich einige mit dem Ausspruch "das ist eine karmische Beziehung" der Verantwortung zu ziehen, die Aufgabe, die in dieser - meist unglücklichen - Beziehung steckt, pro-aktiv anzugehen. Der Ausdruck "Karma" wird daher angebracht, um eine gewisse "Machtlosigkeit" oder "Hilflosigkeit" mit einer Person oder Situation auszudrücken. Gemäß dem Ursprung des Begriffes, hinter dem eine ganze Philosophie steckt, ist Karma wesentlich mehr oder zumindest etwas anderes, als den meisten lieb oder bewusst ist.

Hier die Definition aus Wikipedia:

> *Karma (n. Sanskrit: कर्मन् , karman, Pali: kamma, Wirken, Tat) bezeichnet ein spirituelles Konzept, nach dem jede Handlung – physisch wie geistig – unweigerlich eine Folge hat. Diese muss nicht unbedingt im aktuellen Leben wirksam werden, sondern kann sich möglicherweise erst in einem der nächsten Leben manifestieren.*

Somit wäre also klar ausgesprochen: das, was uns im Außen widerfährt, hat seinen Ursprung in uns und sonst nirgends - zumindest im Verständnis des Hinduismus und Buddhismus. Das, was wir in unseren Beziehungen und Partnerschaften erlegen hat seinen Ursprung in uns selbst. Folglich liegt auch die Lösung für Aufgaben oder Probleme in uns selbst und nicht im anderen. Der Begriff "karmisch" als Entschuldigung für tatenloses Jammern über eigenes vermeintliches "Unglück" hätte also eigentlich ausgedient. Doch wer von uns trennt sich schon gern von "liebgewordenen" Gewohnheiten oder Redewendungen? Keiner will Ihnen den Begriff "Karma" jetzt wegnehmen, sondern eher Ihnen neue Sichtweisen auf das Thema ermöglichen, Ihnen Anregungen und Hilfestellungen geben, gemäß der ursprünglichen Philosophie des Begriffs "Karma" Ihr Handeln - physisch wie geistig - gezielt so zu beeinflussen, dass Ihr Leben sich verändert, und das ersehnte Wohlbefinden in allen Lebensbereichen zu Ihnen finden kann.

Karma ist unausweichlich, doch sein Ausgang ist veränderbar!

Während wir vielleicht noch nach unserer Bestimmung selbst bestimmt Ausschau halten oder sie leben können, finden uns die Aufgaben - fast unausweichlich - ohne unser absichtliches Tun, wie das folgende Erlebnis meines Bekannten zeigt:

Seinen Katamaran hatte er aus Griechenland über Tausende Seemeilen hinweg sicher zu den Kanarischen Inseln navigiert. Wenig später geriet er jedoch während eines Segeltörns vor Gran Canaria in eine lebensbedrohliche Situation: der Wind drückte sein Boot immer stärker gegen die Steilküste. Die Meerestiefe an dieser Stelle beträgt achthundert Meter. Alle Versuche, aus diesem Wind heraus zu segeln, scheiterten. Er fuhr immer wieder im Kreis und kam den Klippen immer näher. Wenn das Boot hier zerschellen würde, gäbe es auch für ihn aufgrund der Strömung keine Rettung mehr. Er würde ertrinken. Den fast schon sicheren Tod vor Augen ging er nochmal in sich und überlegte, was er außer des Segels und des Rudereinschlag noch tun könnte, um aus dieser Situation herauszukommen. Für eine kurze Weile saß er nur da und dachte nach.

Da erinnerte er sich plötzlich , dass es kurz bevor er zum ersten Mal den Klippen so bedrohlich nah gekommen war, im Bootsrumpf laut gerumpelt hatte, als das Boot von einer stärkeren Welle erfasst worden war. Das brachte ihn auf Idee, die Gewichtverlagerung des Bootes zu prüfen und ggf. zu ändern. Alles, was er bewegen konnte, wie Reservekanister etc. brachte er nun rasch auf die entsprechende Seite des Bootes, die er als erforderlichen Schwerpunkt ausgemacht hatte, um aus diesem „Teufelskreis“ herauszukommen. Diese Maßnahme war von Erfolg gekrönt. Jetzt konnte er in Kombination mit dem Segel und Ruder Kurs auf den Hafen nehmen. Wohlbehalten kam er zuhause an.

"Glück ist eine Gelegenheit, auf die Du vorbereitet bist".

Schauen wir nun, wie MaHaBote mit Karma zusammenhängt und wie sich jeder auf sein Glück vorbereiten kann.

Karma und MaHaBote

Wie das Erlebnis des Katamaran-Kapitäns aus dem vorigen Kapitel zeigt, liegt die Lösung aus scheinbar ausweglosen, und teilweise lebens-, gesundheits- oder existenzgefährdenden Situationen in einer veränderten Denkweise, der entsprechend schlüssiges Handeln folgt. Mit seinen bisherigen Maßnahmen konnte er der Situation nicht entkommen. Erst als er einen Moment innehielt, die Lage seines Bootes beobachtete und dessen bisherigen Kurs sowie seine zurückliegenden Wahrnehmungen analysierte, kam ihm der rettende Gedanke.

Verlassen heutzutage Yachten, Kreuzfahrt-, Fähr- oder Frachtschiffe den Hafen, haben sie die neuesten und exaktesten Karten, Diagramme und Aufzeichnungen an Bord – zur steten Verfügung für den Skipper oder Kapitän. Weitere Informationen liefern Funk und Radar (wenn vorhanden). Um das Boot oder Schiff überhaupt steuern zu dürfen hat er dafür sein erworbenes Wissen in einer Prüfung nachgewiesen. Seine Verantwortung für das Schiff lässt sich in Dutzende einzelne Entscheidungen aufteilen, die er täglich zu treffen hat. Die Karten und Diagramme sind die fixen Elemente, auf die er seine Entscheidungen gründet. Zu berücksichtigen sind jedoch neben der Größe, Geschwindigkeit und Ladung des Schiffes auch flexible Faktoren, wie die Richtung und Stärke des Windes, die Höhe der Wellen, der Richtung und Kraft der Strömung etc. Zusätzliche Quellen wertvoller Information sind Funksprüche von Schiffen auf dem demselben Kurs und die eigenen Wetterbeobachtungen.

Kein Kapitän wäre so verwegen, Informationen zu ignorieren. Um sicher anzukommen ist es für ihn notwendig, seine

Entscheidungen täglich neu an die Gegebenheiten anzupassen. Je zuverlässiger seine Quellen, je aktueller und verständlicher sein Kartenmaterial sind und je erfahrener der Kapitän in der Kombination der einzelnen Faktoren ist, desto sicherer und schneller bringt er sich und sein Boot in den Zielhafen.

Die Schwierigkeit der Aufgabe, das Schiff, Mannschaft, Passagiere und Fracht sicher an den Bestimmungshafen zu bringen und - wenn man so will - das Karma des Kapitäns und aller Beteiligten wird durch die Faktoren Wind, Wellen, Strömung, Art des Schiffes, die Ladung etc. beeinflusst.

Auch wir sind Kapitäne. Kapitäne unserer Seele und unseres Lebens. Nüchtern betrachtet, ist das "Überleben" unsere einzige "Aufgabe". Keine Tiger, keine Bären, die unser Leben unberechenbar gefährden, wenn wir aus dem Haus gehen, kein wildgewordenen Nachbarstämme, die Wald ihre Speere auf uns richten, eine verschwindend geringe Gefahr, bei der Nahrungsbeschaffung verletzt zu werden oder zu ertrinken. Wir fahren zum Supermarkt (am besten noch mit Navigationssystem) und gut ist. Und dennoch fühlen wir uns häufig unsicher oder "bedroht". Das spielt sich jedoch vorrangig auf der psychischen und mentalen Ebene ab, wenn wir uns in unserer (finanziellen oder energetischen) Existenz bedroht fühlen oder Angst haben, unser Ziel, unsere Bestimmung, unsere Erfüllung der Sehnsüchte nicht zu erreichen.

Wie hilfreich wäre es dann, eine möglichst exakte „Karte“ zur Verfügung zu haben, die uns eine zuverlässige Orientierung bietet, unsere Seele heil an ihren Bestimmungsort zu bringen. Ein Navigations-System, um zu erreichen, was wir wollen - das wäre doch ein Traum! Denn wie das Boot des Kapitäns dem Wind, den Wellen und den Strömungen ausgesetzt ist, so begegnen wir auf unserem Lebensweg täglich Problemen, Aufgaben, Wünschen, Sehnsüchten, Einflüssen und Veränderungen. Dieses Navigationssystem gibt es - schon seit Jahrtausenden. Im ursprünglichsten Sinne diente ein jedes Horoskop als ein solches Navigationssystem. Der Nachteil war, dass es nur "Gelehrte" erstellen und deuten konnten - und dass der Fragende das Orakel auch nicht immer richtig verstanden hat, zeigt nicht nur das "Orakel von Delphi". In unserer schnelllebigen Zeit und einem selbstbestimmten Leben sehnen sich immer mehr Menschen nach einer Orientierungshilfe, die so einfach ist, wie das Navigationssystem im Auto: immer verfügbar, auf die persönliche Reisevorlieben ausgelegt und dem nötigen Freiraum für Selbstbestimmung und eigene Entscheidungen.

Das MaHaBote-System entspricht genau diesen Kriterien. Ohne die Hinzunahme eines Gelehrten ist es jederzeit verfügbar - ohne jegliche Software. Der Vorteil des MaHaBote-Horoskops, liegt vor allem darin, dass es ohne ein Kapitänspatent, einen Segelschein oder eine astrologische Ausbildung einfach zu lernen und lesen ist. Es ist einfacher zu verstehen als jeder Stadtplan oder Seekarte. Wer sich jedoch von diesem Horoskop nun wünscht, ihm möge – wie beim Navigations-System im Auto – eine freundliche Stimme den Weg weisen, dem er dann nur noch blind folgen müsste, wird enttäuscht sein. Denn wie bei jedem Segeltörn oder einer Autofahrt gibt es im Leben immer wieder Situationen, die sich nicht vorhersehen lassen. Um diese zu bewältigen bedarf es Verstand, Herz und Intuition - wie das o.g. Beispiel des Skippers vor Gran Canaria gezeigt hat.

MaHaBote liefert also in gewissem Sinne unsere Seelen- oder Lebenskarte. In Zeiten von Google Maps wissen einige vielleicht gar nicht mehr, wie See- oder Landkarten aussehen, die eingezeichneten Höhen oder Tiefen, Strömungen oder Ströme, Flüsse oder Seen. Doch die Seelen- oder Lebenskarte des MaHaBote ist einfacher zu verstehen, als jede See-, Land- oder Straßenkarte. Sie beschränkt sich auf die Höhen und Tiefen. Somit ist für jeden leicht zu erkennen, wodurch er sein Karma hervorgerufen hat und wie er es am besten bewältigen kann. Das Tempo bestimmt jeder selbst - wie beim Auto-Navigationssystem, wo man zwischen der schnellsten und der kürzesten Route wählen kann. Einen Stau-Melder gibt es beim MaHaBote nicht, denn schließlich sind Blockaden Bestandteile der Aufgaben, d.h. des Karmas. Aber wem es gelingt, selbstkritisch auf sein MaHaBote und die Handlungsempfehlungen in diesem Buch zu schauen, er wird erkennen, woher die Blockaden kommen und wie er sie besser oder schneller als bisher auflösen kann - wenn er will.

Ob sich die Veränderungen mit oder ohne MaHaBote im Karma auf das nächste Leben auswirken, bleibt also eine Frage des persönlichen Glaubens. Wer jedoch im Hier und Jetzt seine Situation verändern und seine Lebensqualität gezielt positiv beeinflussen will, befindet sich in guter Gesellschaft von zahlreichen Menschen, die es bereits geschafft haben.

Denn, wenn Karma die Folge unseres Denken und Tuns ist, dann gehört Glück, als eine Gelegenheit, auf die wir vorbereitet sind, ebenfalls zu unserem Karma. MaHaBote zeigt, wie man sich auch auf das Glück vorbereiten kann.

II. MaHaBote

So eindeutig das MaHaBote als solches ist – was die Übersetzung des Begriffs aus dem Burmesischen ins Deutsche angeht, so sehr gehen die „Meinungen“ über den Begriff auseinander. Fragt man heute einen Burmesen, was MaHa-Bote heißt, antwortet er: „Heiliger Planet“, zusammengesetzt aus „MaHa“ (groß oder heilig) und „Bote“ (Planet). Es gibt aber auch eine wissenschaftliche Übersetzung (Wikipedia). Demzufolge leitet sich der Begriff aus dem Pali *maha bhuta* her und bedeutet: „kleines Boot“ (womit wir wieder bei der Seefahrt wären) oder „kleiner Schlüssel“.

Pali wiederum ist eine liturgische Sprache des Indischen Subkontinents – ähnlich wie bei uns Latein bei den Zeremonien in der katholischen Kirche.

Barbara Cameron schreibt in Ihrem Buch, dass MaHaBote den Spitznamen „Kleiner Schlüssel“ hat. Die „Wahrheit“ wird wohl irgendwo dazwischen liegen. Uns ist die Silbe „Maha“ unter anderem bekannt aus „Maha Radja“ (Großfürst) oder „Mahatma“ (der, dessen Seele groß ist).

Man geht davon aus, dass das MaHaBote ein Zweig der indischen bzw. vedischen Astrologie, auch Hindu-Astrologie genannt, ist. Demzufolge sollen Indische Mönche einst das System in Burma, heute Myanmar, eingeführt haben.

Die indische Astrologie, wie sie als „Weisheitsschule“ heute noch an indischen Universitäten als Wissenschaft gelehrt und im Alltag angewandt wird, geht auf den prähistorischen Induskult zurück. Zunächst als Kalenderwissenschaft wurde sie in Mesopotamien weiterentwickelt und breitete sich von dort aus über Ägypten und Griechenland aus. Die westlichen und östlichen Astrologie-Systeme sind also alle miteinander verwandt, wenngleich sich die Technik und die Methoden in der Persönlichkeits- und Karma Deutung erheblich unterscheiden. Im Vergleich ist jedoch erkennbar, dass die westliche Astrologie sich immer noch bemüht an die Präzision der indischen Astrologie oder auch das MaHaBote heranzureichen. Vom Verständnis und der Lesbarkeit für den astrologischen Laien ganz zu schweigen. Keine Frage, die westliche Astrologie hat durchaus ihre Berechtigung und Vorzüge, an das MaHaBote nie heranreichen wird. MaHaBote ergänzt nahezu jedes Astrologie- und Kartensystem und findet sich in ihnen wieder.

Zunächst hingen Astronomie und Astrologie als Kalenderwissenschaft zusammen. Sie wurde von Mönchen praktiziert. Diese Mönche der alten Kulturen waren Universal-Wissenschaftler, Ärzte, Psychotherapeuten, Astrologen. Die Abgeschiedenheit vom herkömmlichen Leben hielt sowohl den Geist dieser Mönche rein als auch die Lehre an sich. Anders als in unseren westlichen Welt wo meistens die Forderung besteht, jemand müsse in einer identischen Situation wie der Fragende erfolgreich entwachsen sein, um einen wirklich guten Rat geben zu können, so schätzte man gerade diese „Distanz" der Mönche zu weltlichen Belangen und Emotionen und ihre neutrale Haltung. Dieses „mach Du erst mal und beweise Du, ob es funktioniert, dann mache ich das auch", ist der indischen Philosophie fremd, denn bei jedem äußert sich die Umsetzung einer Empfehlung sowieso anders.

Die Lehren der indischen Astrologie sind untrennbar mit den religiösen und sozialen Traditionen verbunden, die die Identität des Subkontinents seit wenigstens 4.000 Jahren bestimmen. Dabei hält sich die altindische Astrologie schon immer bei der Berechnung des Sternkreises eng an die naturwissenschaftlichen Grundlagen der Astronomie.

Die Abstammung burmesischen Astrologie von der indischen Ur-Mutter ist offensichtlich: Die Themen der einzelnen Planeten beispielsweise sind nahezu identisch. Das gilt auch - mit gewissen Abweichungen - grob für die Farbzuordnungen zu den Planeten. Und doch scheint es so, also ob MaHaBote, die „9-Götter-Astrologie“ ihren Ursprung nicht allein in den Buddhistischen Klöstern hat.

Die Ur-Völker der verschiedenen Fürstentümer des späteren Burma genossen bis hin nach China und Japan den Ruf, einen regelrechten Astro- und Alchemie-Kult zu pflegen. (cultus, lat.: pflegen, schmücken, verfeinern, verehren) Unter dem König Anawratha entstand zwischen 1044 n. Chr. und 1077 n. Chr. das erste burmesische Reich (Reich von Bagan). Unter den diversen buddhistischen Schulen setzte sich zu dieser Zeit der Theravada Buddhismus durch und begründete die Hochblüte der buddhistischen Kultur. Da war das MaHaBote jedoch aller Wahrscheinlichkeit nach schon lange bekannt.

Als der Buddhismus unter ihm eine bedeutendere Rolle in Burma einnahm und schließlich Staatsreligion wurde, kamen auch die Astrologie-Systeme auf den Prüfstand. Die Vorgabe von Anawratha war: Hatte ein System die "Selbstbefreiung" des Menschen (Sanskrit: Nirwana, Pali: Nibbana) und die "Veredelung des Geistes" zum Ziel und erkannte

Buddha als den höchsten Gott an, durfte die Astrologie weiter betrieben werden. All diese Voraussetzungen erfüllte MaHaBote auf den ersten Blick. Und was auf den zweiten Blick nicht passte, wurde eben passend gemacht. So wurden die ursprünglich neun Gottheiten quasi in „Sub-Buddhas" umbenannt. Diese Umbenennung der Gottheiten betrifft lediglich spezielle Zeremonien und Riten, die in der westlichen Anwendung des MaHaBote keine Rolle spielen. Es mag also durchaus vorgekommen sein, dass ein junger buddhistischer Mönch bei einer Zeremonie zwar die Buddhas laut korrekt „ansprach", im Geheimen aber immer noch die ursprünglichen Gottheiten und Namen im Sinn hatte…

Noch heute bestimmt in Myanmar die Astrologen-Kommission den Termin für den Zeitpunkt des Jahreswechsels sowie den Beginn der dreitägigen Festlichkeiten Neujahrs-Festlichkeiten. Die Feste ordnen sich um die Vollmondphase Mitte April herum an – und fallen interessanterweise auch häufig mit unserem westlichen Osterfest zusammen.

Wie kam MaHaBote in den Westen ?

Lange Zeit galt unter den Burmesen die (gesetzgebende) Meinung, dass burmesische Astrologie nur von Burmesen gelernt und verstanden werden kann. Das änderte sich 1973 durch die Begegnung zweier Frauen in Rangoon, Myanmar.

Die eine Frau war die US-Amerikanerin Barbara Cameron. Sie verbrachte achtzehn Jahre im fernen Osten und in Neuseeland. Sie begleitet ihren Mann, der im Auswärtigen Dienst für asiatische Fragen im Auftrag der amerikanischen Regierung im Einsatz war. Barbara Cameron beschäftigte sich u.a. intensiv mit „Hindu“-Astrologie.

Die andere Frau war die Burmesin Daw Hla Than. Zunächst Tänzerin in der klassischen Tradition wurde sie 1957 eine der ersten Kampf-Pilotinnen in Myanmar. Nachdem man sie aufgrund ihrer Heirat suspendiert hatte, begann sie zu unterrichten. 1963 wurden sie und ihr Mann während eines Mittagessens von Vertretern der buddhistischen Regimes „abgeholt“ und „weggesperrt“ – für vier Jahre. Der wirkliche Grund wurde ihnen nie mitgeteilt. In dieser Zeit kam Daw Hla Than mit der burmesischen Astrologie „MaHaBote“ in Kontakt und studierte sie intensiv.

1973 wurde Barbara Cameron in Rangoon auf Daw Hla Than aufmerksam, als diese für eine kleine Gruppe Passanten eine Skizze entwarf, das für sie eher aussah, wie das Spiel „Tic-Tac-Toe“.

Barbara Cameron war die erste westliche Autorin von insgesamt zwei MaHaBote-Büchern.

Barbara Cameron platzte mitten herein und fragte: „Was ist das?" „Es ist Astrologie", antwortete Daw Hla Than. „Ist es schwer?" "Nein, es ist leicht! Soll ich es dir beibringen?" Und sie verabredeten sich zum Kaffee...

(Übersetzt aus der Einführung des Original Buches von Barbara Cameron „MaHaBote – The Little Key" 1981).

So kam MaHaBote erstmalig in den Westen.

Bevor Barbara Cameron im April 1987 an den Folgen einer Krebserkrankung starb, gab sie Daw Hla Than's Wissen und Vermächtnis an die amerikanische Astrologin Sandy Crowther weiter, die sich ebenfalls intensiv mit der „Hindu"-Astrologie beschäftigt. Sandy Crowther bekam den Auftrag, weltweit acht MaHaBote-Astrologen auszubilden, die gleichzeitig als MaHaBote-Lehrer zertifiziert sind. Es ist zudem ihre Aufgabe auf die Reinheit der MaHaBote-Tradition gemäß Daw Hla Than zu achten. Aktuell gibt es weltweit ca. sechs dieser speziell von ihr trainierten Astrologen-/Dozenten. Wer von Sandy Crowther zertifiziert ist, MaHaBote lehren zu dürfen, verpflichtet sich sowohl zur Wahrung der Regeln der burmesischen Astrologie an sich, als auch zur Einhaltung ethischer und moralischer Prinzipien in der astrologischen Beratung. Zudem hat er als Ausbilder von Astrologen darauf zu achten, dass diese ebenfalls dieser Tradition Folge leisten.

Es gibt – auch auf dem deutschen Markt – bereits MaHaBote-Buch-Autoren oder sogar MaHaBote-Ausbildungsinstitute, die jedoch allesamt nicht von Sandy

Crowther in der reinen Tradition des Daw Hla Than MaHa-Bote zertifiziert worden sind, weder als Astrologe noch als Dozent. De facto gab es bereits 2002 eine einzige Lehrerlaubnis an einen deutschen Astrologen bis ich im Dezember 2005 dazu kam. Leider konnte sich auch Sandy Crowther nicht mehr an diesen Schüler erinnern. Er ist auch offiziell nirgends mit MaHaBote in Erscheinung getreten.

Mittlerweile gibt es erste Burmesen, die aus Burma ausgewandert sind, von Singapur oder San Francisco auf ihre Art zur größeren Bekanntheit des MaHaBote beitragen. Zunächst existierten nur ein zwei MaHaBote-Apps bei i-iTunes – die eine ausführlicher als die andere, aber beide auf Burmesisch. Seit 2011 gibt es auch eine MaHaBote-Website einer Burmesin aus San Francisco. Interessanter Weise betreiben alle drei dieser Burmesen MaHaBote eher unter dem Aspekt des Unterhaltungswertes mit Prognosen und Orakelsprüchen, sodass der eigentliche Wert dieses Systems in diesen Veröffentlichungen leider so gut wie gar nicht (mehr) erkennbar ist: die Hilfe zur Selbsthilfe.

Noch ein Wort zur Reinheit und Wahrung der Daw Hla Than Tradition in diesem Buch. Dies ist kein MaHaBote-Lehrbuch als solches. Daher sind einige Elemente weggelassen worden, die zu sehr mit der asiatischen Kultur in Verbindung stehen oder als widersprüchlich mit unseren vorherrschenden Religionen oder Astrologie-Richtungen angesehen werden könnten. Hierzu zählen die Tiere, die jeweiligen "Gottheiten" des Wochentags wählen, um sich darzustellen (von Meerschweinchen bis zum Elefanten ist da alles vertreten). Ebenso außen vorgelassen wurden die Zuordnungen zu Metallen oder Edelsteinen, die Geschmacksrichtungen und organischen Zuordnungen. Bei den Farbempfehlungen habe ich mich stärker an der "Hindu"-Astrologie orientiert, weil ich hier die besten Resultate bei meinen Klienten, Schülern und mir selbst feststellen konnte.

IST MAHABOTE ASTROLOGIE?

Die Frage, ob MaHaBote Astrologie ist, lässt sich mit einem klaren „Jein“ beantworten. „Ja“ deswegen, weil in diesem System mit Planeten gearbeitet wird. Die Grundlage des MaHaBote bilden zunächst die Planeten, die heute noch in unseren Wochentagen „stecken“. „Nein“, weil nicht das stellare Tierkreiszeichen oder sonstige Himmelskörper und deren Bewegungen zugrunde liegen. Viele Menschen, die zum ersten Mal mit MaHaBote in Berührung kommen, sind erstaunt, über den Zusammenhang der Wochentage und Planeten. Da sprechen wir bei jeder Terminvereinbarung den Namen des Wochentags aus, und dennoch ist uns nicht bewusst, dass sich die Namen aus den Planeten bzw. alten römischen oder germanischen Gottheiten herleiten?

Planet	Wochentag	... in anderen westlichen Sprachen
Sonne	Sonntag	engl. Sunday; "dies domini" = "Tag des Herrn", span. „Domingo“
Mond	Montag	frz. "Lundi", span. “Lunes” von lat. „luna“ für „Mond“
Mars	Dienstag	Mars Thingsus - dt. "Dienstag", Tyr, Ziu = Gott des Krieges, Mars frz. "Mardi", engl. "Tuesday", span. “Martes”)
Merkur	Mittwoch	frz. "Mercredi" - Odin, Wotan - engl. "Wednesday"
Jupiter	Donnerstag	frz. "jeudi", Donar = Gott des Donners, dt. "Donnerstag", Zeus, Thor engl. "Thursday")
Venus	Freitag	frz. "vendredi", Freya, Frigg, Grija dt. "Freitag", engl. "Friday"
Saturn	Samstag	engl. Saturday", die fehlende germ. Gottheit führte zur Übernahme von "Sabbat", lat. "sabbata" zu "Samstag" und frz. "samedi", engl. Saturday

Die Wochentage im Deutschen sind zumeist Lehnübersetzungen der lateinischen Wochentags Bezeichnungen, welche wiederum aus den ursprünglich babylonischen Namen übersetzt sind.

Die sieben Tage der babylonischen Woche wurden nach den mit bloßem Auge sichtbaren Wandelsternen des geozentrischen Weltbilds benannt (Sonne, Mond, Mars, Merkur, Jupiter, Venus, Saturn), die zum Zeitpunkt der Benennung als Götter selbst angesehen wurden. Diese Namen sowie der Götterglaube wurden von den Griechen und Römern übernommen. Als die Germanen diese Namen im 4. Jahrhundert kennen lernten, benannten sie diese nach den Namen der den römischen Göttern ungefähr entsprechenden germanischen um. Im Zuge der Christianisierung wurde zu einem späteren Zeitpunkt versucht, diese heidnischen Namen wieder zurückzudrängen, was aber im deutschsprachigen Raum nur beim Mittwoch und Samstag gelang.

Exkurs (aus Wikipedia):

Die Wochentage im Deutschen sind zumeist Lehnübersetzungen der lateinischen Wochentags Bezeichnungen, die wiederum aus den ursprünglich babylonischen Namen übersetzt sind.

Die sieben Tage der babylonischen Woche wurden nach den mit bloßem Auge sichtbaren Wandelsternen des geozentrischen Weltbilds benannt (Sonne, Mond, Mars, Merkur, Jupiter, Venus, Saturn), die zum Zeitpunkt der Benennung als Göt-

ter selbst angesehen wurden. Diese Namen sowie der Götterglaube wurden von den Griechen und Römern übernommen. Als die Germanen diese Namen im 4. Jahrhundert kennen lernten, benannten sie diese nach den Namen der den römischen Göttern ungefähr entsprechenden germanischen um. Im Zuge der Christianisierung wurde zu einem späteren Zeitpunkt versucht, diese heidnischen Namen wieder zurückzudrängen, was aber im deutschsprachigen Raum nur beim Mittwoch und Samstag gelang.

Astrologie setzt sich zusammen aus ἄστρον, astron, „Stern", und λόγος, logos, „Lehre" – Wikipedia fasst das als "Sterndeuter Kunst" zusammen. Sterne und Sternbilder sind am Himmel. ihre Position – in Relation zu einem Ereignisdatum, wie z.B. den Geburtstag – zu berechnen ist bei der bekannten indischen oder auch westlichen Astrologie äußerst kompliziert. Das Ergebnis der Berechnung ist das Horoskop (griech. ὥρα, hora, Stunde, σκοπεῖν, skopéin, „beobachten"). Ziel des Horoskopes ist, die „Qualität eines Zeitpunkts oder Zeitabschnitts zu ermitteln".

So bezeichnet man das Diagramm mit den sieben Häusern, die in sich wiederum wie eine Pyramide oder ein Haus aufgebaut sind, „Horoskop".

Gemäß dem MaHaBote liefert der Geburtswochentag durch seinen Planetenherrscher Aufschlüsse über die Charakter- und Persönlichkeitsmerkmale der betreffenden Person. Darüber hinaus lässt sich auch seine „vorausbestimmte" oder „gewählte" gesellschaftliche Position ablesen bzw. die Rolle oder den Archetyp, den er „darstellt. Somit hat der Wochentag als solches eher etwas mit dem Kalender zu tun, als mit einem tatsächlich am Himmel auszumachenden Sternenbilder- und Planentenkonstrukts.

Das Horoskop insgesamt, d.h. die Verteilung der Planeten auf die sieben Häuser je nach Geburtsjahr weist auf die möglichen Aufgaben (Karma) hin, vor die der Horoskop Eigner im Laufe seines Lebens gestellt wird – und auch, wie er sie wahrscheinlich am ehesten löst oder – im Idealfall – am besten lösen sollte. Auch hierbei handelt es sich im MaHaBote eher um ein Diagramm aus Quadranten, das gemäß einer einfachen Rechenformel den Kalender zugrunde liegen hat und wiederum kein Sternbild, keinen Tierkreis und keinen Planeten in Opposition oder Konjunktion mit einem anderen.

Somit ist MaHaBote genaugenommen eher eine Kalenderwissenschaft mit astrologischem Hintergrund. Das erstaunliche ist, dass diese Wissenschaft seit mindestens zweitausend Jahren besteht - und obwohl sie ihren Ursprung in Asien hat, selbst heute noch mit unserem Kalender eins zu eins übereinstimmt.

Philosophie und Ziele des MaHa-Bote

Man nimmt an, dass MaHaBote durch Indische Mönche in Burma eingeführt wurde. Glaube und Astrologie hingen und hängen bis heute in vielen asiatischen Kulturen sowie Naturvölkern eng zusammen. Die Funktion der Mönche war und ist, ihr Wissen und ihre Weisheit den Menschen in Dienst zu stellen, damit diese von ihren Ängsten und Nöten befreit und schließlich ins Paradies gelangen würden.

Somit lautet die Frage an die Mönche stets: „Was muss ***ich*** wann wie ***tun***, damit… (ich ins Paradies komme o.ä.)?“ Dies ist die Frage, auf die ein Astrologe in Asien seit Jahrtausendenden vorbereitet sein muss. Denn mit der Erklärung möglicher Charaktermerkmale und der Darlegung möglicher zukünftiger Ereignisse gibt sich der Suchende in Indien oder Burma nicht zufrieden. Die Antworten und Handlungsempfehlungen des Weisen müssen maßgeschneidert und alltagstauglich sein. Andernfalls wird er nicht mehr konsultiert. Wird er nicht mehr konsultiert, gibt es keine Spenden mehr für sein Kloster. Die Armut in den Klöstern wäre sicherlich noch größer, wenn sich die Mönche rein auf "Orakelei" beschränkt hätten. Bei der Trefferquote von westlichen TV-Astrologen wären sie dem Untergang geweiht...

Generell hilft es natürlich immer ein „Gott gefälliges“ Leben zu führen. Doch ganz offensichtlich reicht es Menschen in anderen Kulturen nicht aus, nur regelmäßig zur Beichte zu gehen, nur Rosenkränze zu beten oder Mantren zu singen und Räucherstäbchen anzuzünden.

Die Mönche und Weisen alter Kulturen bedienen sich für ihr „Coaching“ zunächst persönlicher Analyse-Instrumente. Das gibt nicht nur dem Menschen das Gefühl, wichtig und einzigartig zu sein, sondern liefert ihm fast schon „maßgeschneiderte“ Handlungsempfehlungen, Tipps und Inspirationen, die er an den Ratsuchenden weitergeben kann. Entsprechende Wirkungen bei konsequenter, bewusster Anwendung und Umsetzung können heute noch erlebt und beobachtet werden. Und anders als die Kirche in Deutschland, die ihre finanzielle Grundlage durch das „Zwangs-Inkasso“ des Staates in Form der Kirchensteuer gesichert weiß, müssen sich die Weisen und Mönche fremder Länder richtig anstrengen, um durch ihre Dienste ihre Nahrungsgrundlage und den Erhalt ihrer Einrichtung zu sichern.

Gleichzeitig ist der Astrologe in Asien kein „Freiberufler“ (in unserem steuerlichen Sinne) und hat auch keinen festen Stundensatz. Jeder zahlt nach der Beratung, so viel, wie er kann. Dabei ist es eine Ehre, den Weisen – oder sein Kloster – bestmöglich zu „bezahlen“. So kommt es, dass besonders reiche Leute auf größeren Flächen gleich mehrere Pagoden finanzierten. Man dankte dadurch nicht dem Astrologen, Mönch oder Weisen, sondern Gott – und engagierte sich somit auch gleichzeitig für das Gemeinwohl. Eine Geisteshaltung, die noch in vorigen Jahrhunderten Gang und Gäbe war. So ließen beispielsweise Kapitäne aus Dankbarkeit für ihre wohlbehaltene Rückkehr und guten Handel für die St. Severin Kirche auf Sylt die Kronleuchter anfertigen. Das ist allerdings schon eine Weile her. Die Stiftungen der Kronleuchter datieren aus 1683, 1698 und 1700.

Lebensberater, Therapeuten, Seelsorger, Coaches und Astrologen außerhalb der Staatskirchen unseres Kulturkreises sehen in ihrer Beratungsleistung auch ihre finanzielle Existenz begründet. Doch nur wenige schaffen es wirklich, davon zu leben. Zur Existenzsicherung greifen sie auf eine etwas andere Art der „Kundenbindung“ zurück. Hier in der "Astrotainment-Branche" entstehen teilweise extreme Abhängigkeiten des „Klienten“ oder „Fragenden“ zu ihrem „Orakel“, denn nur selten oder allenfalls sehr spät trifft vielleicht die eine oder andere Prognose ein. Was dazu führt, dass man bei seinem Astrologen, Hellseher, Kartenleger oder Medium wieder vorstellig werden und zahlen muss, um zu erfahren, wann es denn endlich so weit ist mit der Liebe oder dem Geld. Etwas, das sicherlich auch mit dem Glauben daran eng gekoppelt sein mag – oder mit dem zwingenden Bedürfnis nach Aufmerksamkeit durch andere.

Zu häufig wird auf den Problemen herumgeritten, statt Lösungen anzubieten. Doch, wenn Menschen nicht gewohnt sind, Lösungsvorschläge anzunehmen und umzusetzen, stellt die wiederholte Erfordernis von weiteren Sitzungen oder Anrufen bei Hotlines die Nahrungs- oder Existenzgrundlage einer rasant gewachsenen Branche dar. Deren Wertschöpfung und kontinuierlich wachsendes Marktpotenzial lässt so manchen Gemeindepfarrer entweder vor Neid erblassen oder vor Wut schäumen - je nach dem, an welchem Wochentag und in welchem Jahr er geboren ist. Doch kaum einer unserer Geistlichen käme auf die Idee, sein Angebot zu überdenken und sich vielleicht wieder auf das Haupttägigkeitsgebiet seiner fernöstlichen oder auch indianischen oder hawaiianischen „Kollegen“ zu konzentrieren: die Seelsorge. Wenn die Menschen jetzt schon bereit sind, riesige Summen für die Aufmerksamkeit und "lauwarme" Prognosen von Astrologen und Kartenlegern auszugeben, ohne dass etwas eintrifft oder sich verändert, wie viel wären sie dann erst bereit, wenn die gewünschten Situationen tatsächlich eintreffen und sich das Leben wieder lebenswerter anfühlt?

Wie ernst die Mönche in Burma und anderen Kulturen es mit der „Seelsorge“ nehmen, zeigt die Tatsache, dass es dort keine Psychotherapeuten gibt. Diesen „Job“ erledigen die Mönche. Doch ihr „Kundenbindungsinstrument“ sind Zufriedenheit und Erfolg ihrer „Klienten“. Vielleicht haben es die Mönche mit ihren Religionen auch ein bisschen einfacher als unsere Pfarrer mit der Bibel. Denn im Buddhismus und teilweise auch Hinduismus liegt die Ursache, für das, was uns widerfährt und was wir erleben oder auch erleiden in uns selbst. Auch, wenn es im Alten Testament genügend Ansätze für diese Philosophie gibt, haben nur wenige Pfarrer den Mut, die Menschen auf diese Verantwortung sich selbst gegenüber hinzuweisen.

Somit wirkt sich die Kombination von einem einfachen, treffsicheren und verständlichem Analyseinstrument mit dem Verantwortungsbewusstsein für die persönlichen Geschicke in anderen Kulturen mit anderen Glaubensrichtungen förderlich für die Menschen und die Glaubenseinrichtungen aus:

Die Menschen gehen anders mit den „Prüfungen des Lebens“ um, sind seelisch gefestigter und gelassener. Und denjenigen, die pro-aktiv Handlungsempfehlungen umsetzen, weil sie andere Ergebnisse als bisher in ihrem Leben erzielen wollen, werden Glücksgefühle zuteil, die unserem Kulturkreis fast nicht mehr existieren, offiziell "verpönt" sind und heimlich durch Drogen provoziert werden. Die Mönche wie Astrologen in Asien sind motiviert, ihr Bestes zu geben. Denn geht es ihren „Anhängern“ (auch finanziell) gut, sind die Reisschälchen immer gefüllt und fließen die Spenden reichlich.

MaHaBote wurde also „gemacht“, um in erster Linie (zunächst auch ungebildete) Mönche in ihrer Arbeit und Existenzsicherung einfacher zu unterstützen und Menschen in ihrer positiven Persönlichkeitsentfaltung oder Zielerreichung leichter zu fördern.

Das Wissen über das MaHaBote, das im Folgenden vermittelt wird, kann Menschen mit der Bereitschaft zur Selbstkritik, Objektivität, Handlungswillen und Mut zu Veränderungen sowie zum Heraustreten aus der Komfortzone dazu befähigen, selbst Aufgaben einfacher zu lösen, Ziele leichter zu erreichen und Lebensqualität sowie Wohlbefinden insgesamt zu verbessern - was auch immer das für den Einzelnen bedeuten mag.

III. Karma Coaching mit MaHaBote

Dieses Praxishandbuch beschäftigt sich zunächst sehr detailliert mit den Geburtswochentagen. Eine derartige Fülle an Details ist bisher in keinem anderen westlichen MaHaBote-Buch zu finden. Im traditionellen MaHaBote gilt die Grundregel: das Erste und Wichtigste ist der Geburtswochentag.

Es gibt Autoren, die leider von dieser Tradition abgewichen sind, aus welchen Gründen auch immer. Auch, wenn ich mich zu einem detaillierteren Verständnis der Geburtswochentage gelegentlich der indischen „Astrologie-Ur-Mutter“ bediene, so bleibt mit diesem Buch die Tradition des MaHaBote gewahrt: in erster Linie geht es um den Geburtsplaneten und in zweiter Linie um seine Position im Geburtsjahr bzw. im Geburts-Chart, das in diesem Buch vor allem unter dem karmischen Gesichtspunkt angeschaut und gedeutet wird.

Das oberste Ziel des MaHaBote ist die Selbsterkenntnis und die Kenntnis der eigenen Lebensaufgabe (Karma). Beides „steckt“ im jeweiligen Geburtswochentag, um den es in diesem Praxishandbuch geht. Es ist vorgesehen in einem zweiten Teil das Thema Beziehungen und Partnerschaft aus Sicht des MaHaBote darzustellen. Der dritte Band soll sich dann mit dem Thema Beruf und Berufung beschäftigen.

Das System ist so einfach, dass jeder durch dessen Selbststudium ein Abbild des eigenen Seelenplans erstellen kann. Dieser dient als Hilfsmittel, die Ursache für Blockaden leichter aufzuspüren und geschickter durch die Stürme des Alltags zu segeln – stets mit dem Ziel der Selbstverwirklichung und Gewinnung von mehr Sicherheit und Vertrauen.

Es deckt die wahrscheinlichen Denk- und Handlungsmuster auf, die zu den möglichen Blockaden, Problemen, Krisen oder Enttäuschungen geführt haben und liefert Anregungen, wie diese geändert werden können.

Auch nach mehr als siebenjähriger, bewusster MaHaBote-Erfahrung kann ich aus eigener Erfahrung berichten, dass die Stürme des Lebens keinen Bogen um mich machen, nur weil ich die wochentags-spezifisch-korrekt Farbe trage oder dass sie ausgerechnet dann über mich hereinbrechen, wenn ich mich farblich nicht MaHaBote-konform kleide oder benehme. Doch, auch wenn mir mal wieder der Wind ins Gesicht bläst, entpuppt er sich häufiger nur als „heiße Luft". Das Navigieren durch Untiefen und schwierige Strömungen wird einfacher. Konflikte lassen sich leichter lösen, selbst wenn sie schon Jahrzehnte angedauert haben. Das Verhältnis zu den Mitmenschen harmonischer und toleranter – vorausgesetzt, ich überprüfe von Zeit zu Zeit meine Denkmuster und korrigiere sie – sofern ich mir einen Benefit davon verspreche (sprich: wenn meine persönliche Schmerzgrenze erreicht ist) und ich bewusst etwas ändern will. Das Verständnis für andere und die Nachvollziehbarkeit ihrer Handlungen wird durch die Kenntnis des MaHaBote zum Kinderspiel. Manipulationsversuche durch andere werden schneller aufgedeckt – in selbem Maße, wie die Kenntnis des MaHaBote seines Gegenübers möglicherweise nun selbst zur Manipulation an ihm verleiten könnte…

Wer es mit der eingangs beschriebenen Seefahrt nicht so hat, kann in gewisser Weise dieses Handbuch wie ein Kochbuch benutzen:

- Die Planeten sind die Lebensmittel
- Die Häuser sind die Kräuter und Gewürze
- Die Rechenwege sind die Zubereitung
- Das „Horoskop“ ist das vollendete Drei-Gänge-Menü

Und schließlich sind Sie dann am Ende aller Kapitel so etwas, wie ein „Sterne-Koch“. Sie wissen, welche Zutaten (Planeten) am besten miteinander harmonieren. Sie können mögliche Disharmonien zwischen einzelnen Planeten ausgleichen. Sie kennen – ähnlich wie bei Kräutern – die förderlichen Eigenschaften, aber auch die Vergiftungserscheinen, wenn sie überdosiert oder falsch angewandt werden. Die „fertigen“ Deutungsmöglichkeiten wären bei einem Kochbuch die Fotos der einzelnen Gerichte. Sie sind jedoch nur Orientierungshilfen, ein Angebot an den Leser, wie er sich dem jeweiligen Planeten, Jahr oder Aspekt nähern könnte.

Im ersten Schritt geht es vor allem darum, sich selbst näher kommen. Dieses Buch soll in erster Linie den Neuling an eine völlig neue Art der Persönlichkeits- und Karma-Analyse heranführen.

Er soll die Möglichkeit bekommen, sich zunächst sein eigenes MaHaBote Schritt für Schritt zu erarbeiten – in seinem eigenen Tempo. Daher geht dieses Handbuch auch einen neuen Weg in der Darstellung der Horoskop-Deutung, die sich in meiner Deutungs- und Unterrichtspraxis tausendfach bewährt hat, die in den bisher verfügbaren Büchern jedoch kaum Erwähnung fand. Auch ein Laie ohne astrologische Vorkenntnisse kann somit auf dieser Grundlage mit ein wenig Übung und Menschenkenntnis schnell und sicher die MaHaBote-Horoskope für den Alltagsgebrauch deuten.

Im Idealfall haben Sie mit der Vollendung Ihres persönlichen MaHaBote die Antworten auf bisher offenen Fragen gefunden, deren Beantwortung andere Ihnen bisher – trotz geduldigen Zuhörens oder hoher Honorare - schuldig geblieben sind. Sie kennen Ihr Karma für Ihr Leben und die Chancen, die in den Aufgaben, die das Leben Ihnen so vorsetzt, stecken.

Im zweiten Schritt mag es Ihnen aufgrund dieser Erkenntnis leichter gelingen, Blockaden in Ihrem Leben aufzudecken und aufzulösen, zu einem angenehmeren Lebensgefühl zu finden und Ihre Beziehungen zu den Mitmenschen zu harmonisieren. Das, was vielleicht immer zu viel war, kann sich verabschieden, was gefehlt hat, fühlt sich endlich in Ihrem Leben willkommen. Dass Sie allerdings fortan mit allen Mitmenschen in tranceähnlichem Frieden leben, könnte sich als eine Illusion entpuppen. Falls Sie es doch erzielen sollten – freue ich mich auf Ihre Rückmeldung. Immer, wenn Sie in Ihrem Leben auf Hindernisse stoßen oder Gefahr laufen, in blockierende Denk- und Verhaltensmuster zurückzufallen, kann dieses Handbuch als „Karma-Coach“ dienlich sein, um Sie auf den „rechten Pfad“ zurückzuführen und Sie wieder in Einklang mit Ihren Energien zu bringen.

Im dritten Schritt können Sie dann vielleicht auch andere Menschen an diesen Weg der Selbsterkenntnis heranführen.

Dieses Handbuch verzichtet bewusst so weit wie möglich auf esoterischen „Schnickschnack“. Aus westlicher, rationaler Sicht würde man vielleicht die Himmelsrichtungen, das Gefährt, auf dem die Gottheit daherkommt, oder Edelsteine bzw. Metalle darunter verstehen. Dieser „Schnickschnack“ birgt – aus meiner Erfahrung heraus – das Risiko wieder zu sehr den „Glauben“ an „solche Dinge“ in den Vordergrund zu stellen oder zu Glaubensdiskussionen anzuregen, weil die persönliche „Hausreligion“, der Glaube oder die persönliche Erfahrung bisher anderes oder Gegenteiliges „heiligt“.

Es geht darum, Blockaden aufzulösen. Dabei sind Hinterfragungen, Skepsis, Bewertungen oder Konflikte hinderlich. Die Logik des MaHaBote fordert und fördert den Verstand und die Willensbildung – der bisherige Glaube wird daher nicht in Frage oder auf die Probe gestellt.

Zum traditionellen MaHaBote zählen diese esoterischen Randerscheinungen jedoch dazu, wie auch zum Grundwissen eines qualifizierten MaHaBote-Astrologen. Das gilt im Übrigen auch für die Zuordnungen von Organen oder möglichen gesundheitlichen Schwächen sowie Ernährungsempfehlungen. Diese Themen gehören jedoch in die Hände entsprechend ausgebildeter Therapeuten, Heilpraktiker und Ärzte.

Einzig die Farbempfehlungen sind in dieses Handbuch eingeflossen. Das hat zwei Gründe. Zum einen sind vielen Menschen mittlerweile die unterschiedlichen Wirkungsweisen der Farben bekannt. Und wissenschaftlich bewiesen sind diese mittlerweile auch weitestgehend. Darüber hinaus gibt es zahlreiche Praxisfälle aus meinen MaHaBote-Beratungen, in denen die Farben erkenntnisreiche Impulse geliefert haben. Zum anderen helfen Farben als optische und mentale Anker bei der Bewältigung von Aufgaben, z.B. der gezielten Förderung oder Balancierung von Eigenschaften oder Themen. Sie sind zudem ein einfacherer Einstieg in die Aufgabenbewältigung, als lange Empfehlungstexte oder Affirmationen, die man im entscheidenden Augenblick dann wieder vergessen hat oder an die man sowieso nicht glaubt. Außerdem können Farben manchmal schon innerhalb kürzester Zeit erste Resultate hervorrufen. Diese ersten Ergebnisse können dann die erforderliche Motivation liefern, sich im Folgenden mit der kritischen Selbstanalyse bezüglich des Denkens und Handelns zu beschäftigen und hier vielleicht etwas zu ändern.

Der Planet repräsentiert zum einen eine Person oder Funktion innerhalb der Familie oder eines Königreiches bzw. eines Staates oder jeglichen anderen sozialen Gefüges, z.B. auch im Kollegen-Team am Arbeitsplatz. Zum anderen lassen sich daraus auch "Idealberufe" ableiten, die jedoch auch in Harmonie mit dem Geburtsjahr stehen sollten.

Neben der Rolle in der Gesellschaft sind seit Jahrtausenden jedem Planeten Charaktereigenschaften zugeordnet. Sie gelten auch als Repräsentanten für Fähigkeiten und Talente.

Jede Woche haben Sie an Ihrem Geburtswochentag einen "Mini-Geburtstag". Diesen können Sie nutzen, um die förderlichen Eigenschaften bewusst zu stärken, indem Sie sich beispielsweise in Ihrer Geburtsplaneten Farbe kleiden oder ein entsprechend farbiges Accessoire bei sich tragen. Wenn Sie möchten, können Sie auch eine Kerze in der passenden Farbe anzünden und über die Themen bzw. Aufgaben Ihres Wochentags meditieren.

Unbedingt zu vermeiden sind hier "kritische" Farbkombinationen. Der Trick mit den Farben funktioniert auch für Themen, die Sie stärker positiv in Ihr Leben ziehen möchten. Allerdings sollten Sie darauf achten, dass Ihr Geburtsplanet mit dem gewünschten Thema (und dem dazu gehörenden Planeten bzw. dessen Farben) in Einklang befindet – im Idealfall.

Natürlich lassen sich Probleme nicht allein durch die korrekte Farbwahl lösen, keine Unannehmlichkeiten abwenden oder Aufgaben lösen. Es ist jedoch häufig ein einfacher Einstieg in möglicherweise komplexere Herausforderungen. Außerdem helfen die bewusst gewählten Farbanker dem Bewusstsein, sich leichter auf das dahinterstehende Thema einzulassen. Diese Bereitschaft wiederum begünstigt die bewusste Änderung von bisher blockierenden Denkstrukturen und Handlungsmustern.

Das Karma lässt sich am ehesten bewältigen, wenn Sie im Fluss sind und sich nicht als Hindernis dagegenstellen. Auch die Natur geht den Weg des geringsten Widerstands. Lernen Sie daher wieder zunächst mit der Aufmerksamkeit bei sich selbst zu bleiben. Wem das „Ritual“ mit den Farben zu einfach ist, der kann sich auch an „Transformationen für Fortgeschrittene“ heranwagen. So wäre beispielsweise eine Übung, am eigenen Geburtswochentag stets nur die positiven Seiten zu leben. Eine andere Übung könnte sein, die positiven Eigenschaften der zum Geburtsplaneten kritischen Planeten bewusster zu pflegen etc.

Der Geburtsplanet

Vor allem der Geburtsplanet im MaHaBote deckt schonungslos blockierende Gedanken und Verhaltensmuster auf. Schließlich ist Selbsterkenntnis ja der erste Weg zur Besserung. Wobei sich "Besserung" hier nicht auf den Menschen bezieht, sondern die subjektive Betrachtung der individuellen Lebenssituation. Kein Mensch ist besser als der andere. Kein MaHaBote-Planet ist besser oder wichtiger als der andere. Wir brauchen alle. Und wir brauchen alle mit ihren förderlichen und herausfordernden Seiten, Eigenschaften und Charakterzügen, auch wenn auf den ersten Blick das Leben „einfacher" zu sein scheint, wenn alle nur ihre „positiven" Eigenschaften leben würden. Je mehr Menschen jedoch die förderlichen Seiten der Planeten ausleben, desto sicherer, friedlicher, harmonischer und entspannter kann unser Leben miteinander werden. Doch keiner weiß, ob das überhaupt „gewollt" und nicht doch entsetzlich langweilig wäre oder vielleicht sogar zum Stillstand führen könnte.

Kein Mensch kann wissen, was wirklich „wahr" ist. Und nur, weil der eine oder andere weniger oder gar nicht lügt, Tiere rettet, betet oder meditiert, sich in Askese – oder zumindest Fleischverzicht - übt, Buße tut und Gutes leistet, ist sein Leben weder freier von Herausforderungen oder Schicksalsschlägen noch mit dauerhaftem Glücksgefühl gesegnet. Zugegeben: die Herausforderungen bekommen vielleicht eine etwas andere Qualität und Rückschläge lassen sich vielleicht auch etwas einfacher bewältigen. Das wiederum kann dazu führen, dass das Glücksgefühl häufiger und intensiver wahrgenommen werden kann. Aber selbst im Sport verlieren Dauersieger irgendwann an „Unterhaltungswert" und verleiten eben diese Dauersieger zu einer gewissen Arroganz. Vom Leistungsdruck mal ganz zu schweigen. Und wer von uns hat darauf wirklich Lust?

Sicher ist: MaHaBote liefert Einblicke in die Motive, Denk- und Handlungsmuster in das „WARUM". Warum tun wir oder der andere etwas (Schlechtes). Und auch wenn hier wiederum niemand wissen kann, ob diese Motive dann wirklich wahr sind, so können sie dennoch dazu beitragen, Lügen, Aggressionen, Widrigkeiten oder Enttäuschungen, die wir durch andere erfahren weniger persönlich zu nehmen. Es könnte dem einen oder anderen leichter fallen, hierin eher einen Spiegel zu sehen, der hilft die eigenen „Schwachstellen" zu reflektieren und dafür zu sorgen, dass die unliebsamen Erfahrungen (oder Erinnerungen daran) weniger oder weniger schlimm werden.

Die eigenen gewohnten Denkmuster und Handlungsstrukturen zu ändern, geht nicht von heute auf morgen. Genauso wenig, wie ein Drittligist den Aufstieg in die erste Liga innerhalb von einer Spielsaison schafft. Und viele schaffen es gar nicht, weil sie sich beispielsweise keine teuren Trainer und Coaches leisten können. Denn: neben der körperlichen Verfassung, der Leistungsmöglichkeiten und des Teamgeistes, sind sportliche – und auch berufliche – Erfolge vor allem eine mentale Angelegenheit. Dieses Buch kann Ihr Trainer und Coach sein, der Ihnen hilft, sich aus dem Teufelskreis von Blockaden, Erfolglosigkeit, Mutlosigkeit, Lügen, Enttäuschungen, Ängsten und Zweifeln zu befreien.

Mit diesem neuen Wissen kann Ihr Leben die entscheidende Wende nehmen – vorausgesetzt, Sie übernehmen die Verantwortung für sich und sind bereit für den Kurswechsel.

Die Segel setzen und das Ruder in die Hand nehmen müssen Sie schon selbst.

ERMITTLUNG DES GEBURTSWOCHENTAGS = GEBURTSPLANET

Moderne Medien können bis zu einem gewissen Grad eine gewisse Zeitersparnis bei der Ermittlung des Geburtsplaneten generieren.

Möglichkeit 1 - die MaHaBote2012-App für das i-phone:

Wer ein i-phone hat, kann sich bei i-tunes im App-Store die MaHaBote2012-App herunterladen. Diese errechnet den Geburtswochentag automatisch und wirft den korrekten Geburtsplaneten aus.

Möglichkeit 2 - Internet:

Auf der offiziellen Buch-WebSite:

http://mahabote-karmacoaching.de

Einfach Namen und email-Adresse in die Seitenleiste eintragen – und Sie werden direkt zu den Hilfsmitteln und Tabellen weitergeleitet.

Möglichkeit 3 - klassisch mit Papier und Stift:

Ich selbst habe bei mir und anderen beobachtet, dass die klassische Methode mit Papier und Stift die besten Resultate erzielt. Probieren Sie daher gern folgende Vorgehensweise aus, die im Lauf dieses Kapitels detailliert dargestellt wird:

1. Verwenden Sie möglichst ein unbeschriebenes, frisches Blatt Papier

2. Schreiben Sie oben rechts den Vornamen der entsprechenden Person, für die Sie das MaHaBote berechnen wollen
3. Ermitteln Sie dann den Geburtswochentag bzw. Geburtsplaneten gemäß der untenstehenden Anleitung
4. Verifizieren Sie ihn ggf. anhand der Angaben, die Sie bereits haben oder noch gewinnen können; prüfen Sie ggf., ob der Geburtstermin auch vor Sonnenaufgang gelegen haben könnte.

   Sondersituation Mittwoch: Wenn Sie als Wochentag den Mittwoch ermittelt haben, gibt es drei Zuordnungsmöglichkeiten:

   Möglichkeit 1: VOR Sonnenaufgang = Dienstag (Mars)

   Möglichkeit 2: nach Sonnenaufgang und VOR 12.00 h mittags: Mittwoch-Vormittag (Merkur)

   Möglichkeit 3: NACH 12.00 h Mittwoch-Nachmittag (Rahu)

5. Notieren Sie nun den Planeten, der dem ermittelten Wochentag entspricht.

Wochentag mit Hilfe des "Ewigen Kalenders" ermitteln

Anleitung

Schritt 1:

Suchen Sie in der Tabelle "Jahre & Monate" dem linken Tabellenbereich die entsprechende Jahreszahl. Gehen Sie von dort waagerecht in der Zeile nach rechts auf den entsprechenden Monat.

Merken Sie sich die gefundene Monatszahl. Sie entspricht noch NICHT dem Wochentag! Diesen ermitteln Sie in Schritt 2.

Schritt 2:

Die gefundene Zahl addieren Sie zum Tagesdatum aus der Tabelle Wochentage. Die Summe der Addition ergibt die Zahl für den Wochentag in der Tagestabelle.

Beispiel

23. Februar 1964
Monatszahl 6
6 + 23 = 29 (=Wert in der Tabelle „Wochentagszahl“ suchen)
29 = Sonntag
Der 23. Februar 1964 war ein Sonntag.

Ewiger Kalender zur Ermittlung der Monatszahl

Jahre & Monate

1801 - 1900				1901 - 2000				2001 - 2099				Jan	Feb	März	Apr	Mai	Juni	Juli	Aug	Sept	Okt	Nov	Dez
1	29	57	85		25	53	81		9	37	65	93	4	0	0	3	5	1	3	6	2	4	0	2
2	30	58	86		26	54	82		10	38	66	94	5	1	1	4	6	2	4	0	3	5	1	3
3	31	59	87		27	55	83		11	39	67	95	6	2	2	5	0	3	5	1	4	6	2	4
4	32	60	88		28	56	84		12	40	68	96	0	3	4	0	2	5	0	3	6	1	4	6
5	33	61	89	1	29	57	85		13	41	69	97	2	5	5	1	3	6	1	4	0	2	5	0
6	34	62	90	2	30	58	86		14	42	70	98	3	6	6	2	4	0	2	5	1	3	6	1
7	35	63	91	3	31	59	87		15	43	71	99	4	0	0	3	5	1	3	6	2	4	0	2
8	36	64	92	4	32	60	88		16	44	72		5	1	2	5	0	3	5	1	4	6	2	4
9	37	65	93	5	33	61	89		17	45	73		0	3	3	6	1	4	6	2	5	0	3	5
10	38	66	94	6	34	62	90		18	46	74		1	4	4	0	2	5	0	3	6	1	4	6
11	39	67	95	7	35	63	91		19	47	75		2	5	5	1	3	6	1	4	0	2	5	0
12	40	68	96	8	36	64	92		20	48	76		3	6	0	3	5	1	3	6	2	4	0	2
13	41	69	97	9	37	65	93		21	49	77		5	1	1	4	6	2	4	0	3	5	1	3
14	42	70	98	10	38	66	94		22	50	78		6	2	2	5	0	3	5	1	4	6	2	4
15	43	71	99	11	39	67	95		23	51	79		0	3	3	6	1	4	6	2	5	0	3	5
16	44	72		12	40	68	96		24	52	80		1	4	5	1	3	6	1	4	0	2	5	0
17	45	73		13	41	69	97		25	53	81		3	6	6	2	4	0	2	5	1	3	6	1
18	46	74		14	42	70	98		26	54	82		4	0	0	3	5	1	3	6	2	4	0	2
19	47	75		15	43	71	99		27	55	83		5	1	1	4	6	2	4	0	3	5	1	3
20	48	76		16	44	72	0		28	56	84		6	2	3	6	1	4	6	2	5	0	3	5
21	49	77	0	17	45	73		1	29	57	85		1	4	4	0	2	5	0	3	6	1	4	6
22	50	78		18	46	74		2	30	58	86		2	5	5	1	3	6	1	4	0	2	5	0
23	51	79		19	47	75		3	31	59	87		3	6	6	2	4	0	2	5	1	3	6	1
24	52	80		20	48	76		4	32	60	88		4	0	1	4	6	2	4	0	3	5	1	3
25	53	81		21	49	77		5	33	61	89		6	2	2	5	0	3	5	1	4	6	2	4
26	54	82		22	50	78		6	34	62	90		0	3	3	6	1	4	6	2	5	0	3	5
27	55	83		23	51	79		7	35	63	91		1	4	4	0	2	5	0	3	6	1	4	6
28	56	84		24	52	80		8	36	64	92		2	5	6	2	4	0	2	5	1	3	6	1

Wochentagszahl

Wochentage							
Montag		2	9	16	23	30	37
Dienstag		3	10	17	24	31	
Mittwoch		4	11	18	25	32	
Donnerstag		5	12	19	26	33	
Freitag		6	13	20	27	34	
Samstag		7	14	21	28	35	
Sonntag	1	8	15	22	29	36	

Monatszahl
+ Datum des Geburtswochentags
= Wochentagszahl
Die Wochentagszahl zeigt den Geburtswochentag an

Geburtsuhrzeit - erforderlich?

Im Groben und Ganzen braucht man für das MaHaBote nicht die exakte Geburtsuhrzeit – bis auf folgende kleine Ausnahmen, bei denen die annähernde Uhrzeit hilfreich sein kann:

In der burmesischen Tradition beginnt ein neuer Tag erst mit Sonnenaufgang – und nicht wie bei uns direkt nach Mitternacht. Wer also früh morgens vor Sonnenaufgang geboren wurde, wird dem Vortag zugerechnet. Insofern macht eine ungefähre Uhrzeit Sinn oder man verlässt sich auf seine Intuition, wenn man zunächst für sich selbst den eigentlichen Geburtswochentag ermittelt, der dem Geburtsdatum entspricht.

Hilfreich ist zudem auch für Mittwochs-Geborene die Uhrzeit, weil Mittwochmittag Rahu den Merkur ablöst, der über den Vormittag herrscht. Für einen Mittwochs-Geborenen stehen insgesamt drei Planeten zur Auswahl: Früh morgens vor Sonnenaufgang wäre er noch dem Dienstag und somit Mars zuzuordnen, nach Sonnenaufgang, vormittags dem Merkur und ab 12:01 Uhr mittags dann Rahu.

Eine der häufigsten Fragen, die in diesem Zusammenhang auftauchen, lautet: „ Wann geht denn eigentlich die Sonne auf?“ Das Gefühl für den natürlichen Lauf der Sonne bzw. das tatsächliche Wissen darüber scheint vielen Menschen verloren gegangen zu sein. Schon allein die Beschäftigung mit dem Sonnenaufgang bietet ihnen jedoch einen ersten Weg zur Rückbesinnung.

Konkrete Hilfestellungen zur Bestimmung des exakten Sonnenaufgangs findet man im Internet an vielen Stellen. Doch machen Sie sich hier keinen Stress, sondern folgen Sie viel lieber Ihrer Intuition und „Zeichen bzw. Hinweisen:

Was ist, wenn man die Uhrzeit nicht genau kennt?

Ob man für sich selbst oder für andere das MaHaBote macht, also den Wochentag herausfinden möchte, macht kaum einen Unterschied.

Neben der Intuition – wenn es um den eigenen Wochentag geht – gibt es noch weitere Hilfsmittel, die sich schon zu Zeiten Barbara Camerons und auch in meiner astrologischen Beratung bewährt haben. Je besser man sein Gegenüber kennt (oder „analysiert"), desto leichter fällt die „Zuordnung".

Hier ein paar Hilfestellungen, wenn Ihnen der Betreffende gegenüber sitzt, sie sich aber noch nicht so gut kennen und Sie auf Nummer sicher gehen wollen, ob es sich tatsächlich um den errechneten Tag oder den Vortag bzw. einen Mittwoch-Vormittag oder Nachmittag handelt:

In welchen Farben ist der Betreffende in diesem Moment gekleidet? Sind diese eindeutig einem der in Frage kommenden Tage / Planeten zuordenbar?

Oder: trägt er ein klar zuordenbares, auffälliges Accessoire, das für einen der in Frage kommenden Tag / Planeten steht?

Welches ist der aktuelle Wochentag?

Für Fortgeschrittene: sind Erscheinungsbild oder Statur klar einem der beiden in Frage kommenden Wochentage / Planeten zuzuordnen?

Für Fortgeschrittene: liefert der Vorname des Betreffen-den Hinweise, die sich zweifelsfrei einem der in Frage kommenden Wochentage / Planeten zuordnen lassen?

Beispiele:

Mars (bzw. das Prinzip des Mars) steckt u.a. in folgenden Vornamen:

Martin / Martina, Markus, Marco, Marc etc.

Sonne (bzw. das Prinzip der Sonne) steckt u.a. in folgenden Vornamen: Adelheid, Elke, Adela, Alicia, Erich, Erika

Die Beschäftigung mit den Vornamen kann sehr erhellend sein. Eine der besten Quellen ist Wikipedia.

Sollte der Betreffende nicht persönlich zugegen sein, sondern beispielsweise nur dessen Partnerin oder ein Familienmitglied, und Sie benötigen zur Beantwortung möglicher Beziehungsfragen den Geburtswochentag hilft nur noch die „Keule", wie ich es nenne. Wenn Sie der Meinung sind bzw. Ihnen eine innere Stimme sagt, dass es auch der Vortag sein könnte, tun Sie Folgendes: Sie konfrontieren den anwesenden Fragesteller mit den auffälligsten, „nervigsten", „negativsten" Charaktereigenschaften, die dem möglichen Vortag entsprechen. Landen Sie unter den ersten beiden Eigenschaften einen Treffer, sodass Ihnen Ihr Gegenüber spontan diese Eigenschaft zustimmend bestätigt, können Sie – bis auf weiteres – vom Vortag als Geburtswochentag ausgehen.

Die folgende Tabelle kann einer ersten Orientierung bzgl. der Themen nützlich sein:

Kurzübersicht Wochentage & Planeten

Wochentag	Planet	Rolle	Mögliche Themen
Sonntag	Sonne ☉	Herrscher	Verantwortung, Macht- bzw. Machtmissbrauch
Montag	Mond ☽	Helfer	Helfen, Helfersyndrom, Opferdasein
Dienstag	Mars ♂	Krieger	Krieg, Frieden, Wettkampf, Ehrgeiz
Mittwoch Vormittag	Merkur ☿	Schüler	(wertfreie) Kommunikation
Mittwoch Nachmittag	Rahu ☊	Rebell	Materie und Finanzen
Donnerstag	Jupiter ♃	Lehrer	Wahrheit, Wissen und Weisheit
Freitag	Venus ♀	Künstler	Spiel und Ernst des Lebens
Samstag	Saturn ♄	Diener	Zwänge und Ängste

Der Vollständigkeit halber hier noch eine Tabelle bzgl. der Sonnenaufgangszeiten:

Tabelle Sonnenaufgang

	Sonnenaufgang *
Januar	08.44 - 08.14 Uhr
Februar	08.13 - 07.18 Uhr
März	07.17 - 06.03 Uhr
April	06.02 - 04.55 Uhr
Mai	04.54 - 04.06 Uhr
Juni	04.05 - 04.04 Uhr
Juli	04.03 - 04.41 Uhr
August	04.42 - 05.35 Uhr
September	05.36 - 06.27 Uhr
Oktober	06.28 - 07.25 Uhr
November	07.26 - 08.19 Uhr
Dezember	08.20 - 08.45 Uhr

* bezogen auf Wilhelmshaven

Bei ortsbezogenen Tabellen, wie der folgenden ist jedoch die geografische Lage des persönlichen Geburtsorts zu berücksichtigen (innerhalb Deutschlands und darüber hinaus). Denn je nördlicher der Geburtsort liegt, desto später ist im Winter der Sonnenaufgang und im Sommer dafür umso früher. Das kann allein innerhalb Deutschlands eine halbe Stunde und mehr ausmachen.

Auch im Internet gibt es Hilfen:

http://www.mondkalender-online.de/sonnenuntergang.asp (Deutschland, Österreich, Schweiz)

http://www.stadtklima-stuttgart.de/index.php?klima_sonnenstand (weltweit)

Tipp: bei über 1.000 Beratungen habe ich diese Tabellen noch nie in Anspruch genommen, um ein präzises Deutungsergebnis zu erzielen.

Nach etwas Routine und Training der Intuition werden Sie „spüren", ob der Betreffende, für den Sie das MaHaBote Karma Chart erstellen, tagsüber oder vor Sonnenaufgang geboren ist.

EINFÜHRUNG IN DIE WOCHENTAGS PLANETEN

… Und dann fiel mir ein, wie ich MaHaBote-Neulingen den Einstieg in das Wesen der Wochentage bzw. der Planeten erleichtern kann, ohne gleich die "mahnende Keule" zu schwingen oder die "Aufgaben" aufzutischen. Daher möchte ich nochmal auf den Vergleich des Bootes und unserer Seele vom Beginn dieses Buches zurückkommen. Dann wird schnell erkennbar, wie unterschiedlich die acht Charaktere und deren Lebensinhalte gemäß dem MaHaBote sein können.

Versuchen wir doch einfach mal, den acht „Seelen" einen Boots- oder Schiffstyp zuzuordnen. Zu einigen Wochentagen sind mir mehrere Möglichkeiten eingefallen. Das ist bis jetzt in keinem MaHaBote-Lehrbuch so zu finden. Aber eines der Grundprinzipien des MaHaBote lautet: wenn es hilft, ist es richtig. Ich denke, es könnte hilfreich sein, wenn man ein Bild vor Augen hat.

Beginnen wir, wie im MaHaBote üblich, mit der Sonne

Sonne-Seelenschiff (Sonntags-Geborene)

Die Sonnenseele wählt am ehesten die Abramovich-Yacht: groß, auffallend, hochwertige Ausstattung, edle Materialien, beste Verarbeitung, repräsentativ, auf Augenhöhe mit den Reichen und Mächtigen, stets ein Ausdruck seiner Individualität. Überall, wo sie vor Anker geht, zieht sie die Aufmerksamkeit auf sich und steht im Mittelpunkt des Interesses.

Mond-Seelenschiff (Montags-Geborene)

Als erstes kommt mir ein Segelboot in den Sinn. Mit ihm lässt sich lautlos dem romantischen Sonnenuntergang entgegen segeln. Außerdem ist es umweltfreundlich. Das Boot muss jedoch groß genug sein, um die Familie und Freunde beherbergen zu können. Vermutlich ist unter den Freunden oder in der Familie auch ein Skipper, denn sofern der Mond Segeln als Sport betrachtet, widerspräche das Segeln als solches seinem Naturell. Dafür kümmert er sich lieber um den Proviant...

Mars-Seelenschiff (Dienstags-Geborene)

Die Mars-Seele könnte man am ehesten mit einer Sport-Yacht oder einem Rennboot oder einem Sport-Segelboot in Verbindung bringen. Denkbar wäre aber auch ein Kriegsschiff – oder für die Frieden stiftenden Mars-Seelen – das Patrouillenboot der Küstenwache.

Merkur-Seelenschiff (Mittwoch-Vormittags-Geborene, von Sonnenaufgang bis 12.00 h mittags)

Das gute alte Post-Boot entspräche der Merkur-Seele im Sinne des Nachrichten-Überbringers am ehesten. Außerdem weist es darauf hin, dass der Bote, der Überbringer von

Nachrichten ja eigentlich keine eigene Meinung haben sollte... Der Kaufmanns- und Handels-Aspekt ließe sich durch ein Frachtschiff darstellen.

Rahu-Seelenschiff (Mittwoch-Nachmittags-Geborene, von 12.01 h mittags bis zum Sonnenaufgang des Donnerstags)

In erster Linie käme ein Fischer-Boot in Frage – wenn es um den Ausdruck der beruflichen Tätigkeit der Seele geht (am liebsten nachts oder in der Dämmerung, allein). Da er sich auch gern „unsichtbar“ macht und die Extreme liebt, könnte ihm auch ein U-Boot zugeordnet werden. Darüber hinaus ist vom Piraten-Schiff bis zur Rainbow-Warrior alles möglich.

Jupiter-Seelenschiff

Ein Expeditions- oder Forschungsschiff wäre ideal für die wissenschaftlich orientierten Kopf-Menschen unter den Jupiter-Naturen. Natürlich gibt es auch Jupiter-Seelen, die insgeheim nach einer Luxus-Yacht im Stile der "Sonnen" schielen. Ansonsten tut es auch eine restaurierte „antike“-klassische Segelyacht mit modernerem Komfort.

Venus-Seelenschiff

Venus-Geborene könnten als die Erfinder des Club- oder Party-Schiffes gelten. Mindestens jedoch sollte es ein Ausflugsdampfer sein, der Möglichkeiten der Geselligkeit wie

Tanz und Unterhaltung bietet und abwechslungsreiche Ziele ansteuert.

Saturn-Seelenschiff

Saturn und Seefahrt? Geht das überhaupt? Der erste Gedanke, der mir kam, war, dass ein Saturn als Passagier auf einem Schiff vermutlich der erste ist, der weiß, wo es zu den Rettungsbooten geht, sich von deren ordnungsgemäßem Zustand sowie der Funktionsfähigkeit überzeugt hat und sich am liebsten gleich eines reserviert. Nach ein paar Überlegungen kam mir jedoch eine weitere Möglichkeit in den Sinn, die dem Wesen des Saturn entsprechen könnte: das Lotsenboot (eigentlich eher der Lotse, aber das nehmen wir jetzt mal nicht so genau). Das Lotsenboot stellt sich zuverlässig in die Dienste der „großen Pötte", und verhindert Havarien im Hafen. Wenn einer das Gebiet genauestens kennt und kein Risiko eingeht, dann ist das der Lotse (d.h. der Saturn)! Es gibt nur einen kleinen Haken: er muss es auch bei „stärkerem Wellengang" schaffen, von seinem kleinen, schaukelnden Lotsenboot auf den Ozeanriesen hinauf zu kommen...

Nun sind Sie bestens vorbereitet, die einzelnen Geburtsplaneten und die karmischen Aufgaben, die sie repräsentieren, im Detail kennenzulernen.

☉ Persönlichkeitsanalyse

Am Anfang war das Licht... Ohne Sonne gäbe es weder Licht noch Leben auf dieser Erde. Somit steht die Sonne am Beginn der Woche. Ihr kommen der höchste Stellenwert und die größte Bedeutung für das Leben auf der Erde zu. Daher steht sie im MaHaBote für den König, den Herrscher.

Für Sonntagsgeborene dreht sich somit alles um das Thema Macht, Individualität, Selbständigkeit, Unabhängigkeit, Selbstvertrauen, Leiten, Autorität, Meisterschaft.

Das Verhältnis zur Mutter oder zum „Mutter sein" ist bei der Sonnenfamilie größtenteils gespalten. Sporadisches Mitgefühl, eine eher flexible Haltung hinsichtlich Ordnung, Disziplin, Struktur und Zuverlässigkeit oder auch eine gewisse „Unbeirrbarkeit" können in verschiedenen Ausprägungen vorliegen. Häufiger sind auch eine gewisse mangelnde Flexibilität, der Hang zur kommunikativen Selbstdarstellung und ein unkalkulierbarer bis völlig fehlender Bewegungsdrang festzustellen. Ein latentes Dominanzpotenzial, das sich gelegentlich auch auf physischem Wege Geltung verschaffen könnte, wartet häufig noch auf seinen Meister...

Die Beziehung zum Vater hängt für Sonntagskinder davon ab, wie deren Vater (=König!) mit dem zweiten König, seinem Sonntagskind, zurechtgekommen ist.

Karmisch-spirituelle Lebensaufgabe

Eine einseitige Identifizierung mit dem Geburtsplaneten Sonne kann zur gewissen „Verblendung“ führen. Ein Leben im permanenten Streben nach Individualität, Eigenständigkeit, Macht und Autorität kann dazu führen, dass Sonnen die Bedeutung von Fürsorge, Liebe und Verantwortung für die Mitmenschen unterschätzen, so dass ihnen dann im Gegenzug im entscheidenden Moment die „Untergebenen“ Hilfe und Gehorsam verweigern.

Je nach Ausprägungsgrad des Geltungsbedürfnisses „über“reden Sonnen ihre Mitmenschen, stellen sich gern über andere, tun sich äußerst schwer mit Kritik von anderen und der Übernahme von Verantwortung für eigene Fehler. Das birgt ein kontraproduktives Risiko: Sie können dann schnell als herrschsüchtig, dominant, egoistisch oder überheblich gelten. Dabei wollen sie doch eigentlich nur als Autorität anerkannt werden. Das wiederum ist alles nur eine Frage der Methoden.

Für alle Menschen mit überdurchschnittlichem bis ungesundem Macht- und Autoritätsstreben sowie Kritiksucht (an "Schwächeren" (um sich selbst zu erhöhen) birgt diese Verblendung das Risiko, dass sie nicht wahrnehmen, wie ihre Mitmenschen ihnen gegenüber (vorneherum) geben, wonach sie verlangen, aber hinterrücks dann über sie herziehen oder sich gegen sie verbünden. Und selbst, wenn sie es bisher nicht getan haben sollten, ist bei Sonnen oder Sonnenorientierten Geburtsjahren die Angst davor ein ständiger Begleiter. Aus dieser Angst heraus wird der Drang nach vorsorglicher "Erhöhung über andere" fast schon zu einem Zwang, der geradewegs in den Untergang führt. In den eigenen.

Wie Sie das Sonnen-Karma bewältigen

Machen Sie es sich zur Aufgabe, die Wärme der Sonne in sich aufzunehmen und an Ihre Mitmenschen weiterzugeben, für deren Vitalität zu sorgen und ein liebevoller, verantwortungsvoller „Vater" zu sein. Falls es um Ihre eigene Vitalität zeitweise selbst nicht optimal bestellt sein sollte, vermeiden Sie es Energien von anderen Menschen zu saugen. Verändern Sie Ihre Lebensgewohnheiten und finden Sie Möglichkeiten, sich durch Vitalität spendende Ernährung, Bewegung und Lebensführung zu regenieren.

Behalten Sie in Ihrem täglichen Tun und den Entscheidungen stets das Wohl Aller im Auge und erkennen Sie das Göttliche Prinzip als höchste Autorität an.

Beginnen Sie sich für Ihre Mitmenschen ernsthaft zu interessieren, z.B. was sie bewegt, was sie vom Leben und auch von Ihnen erwarten. Im nächsten Schritt finden Sie Möglichkeiten, Ihre Position (auch) dafür zu nutzen, Ihren Mitmenschen zu geben, was sie vom Leben und insbesondere Ihnen erwarten.

Übernehmen Sie für Ihre Fehler die Verantwortung und stellen Sie sich gegenüber Dritten schützend vor diejenigen, die Ihren Diensten oder in Ihrer Obhut stehen, wenn diese einen Fehler gemacht haben. Helfen Sie denjenigen, selbst aus den Fehlern zu lernen und geben Sie ihnen die Chance, daran zu wachsen. Ihre Angst, dass jemand dann an Ihrem "Thron" rütteln will, ist von dieser Seite meistens völlig unbegründet. Die wenigsten wollen oder können die Verantwortung übernehmen und dauerhaft tragen, die auf Ihren Schultern lastet.

Stellen Sie sich mit Ihrer Verantwortung in den Dienst der Menschheit.

Wenn Sie sich mal wieder im kommunikativen Rausch der Selbstdarstellung ertappen, schalten Sie einen Gang zurück und interessieren Sie sich für denjenigen, der Ihnen bis dahin uneingeschränkte Aufmerksamkeit geschenkt hat. Stellen Sie ihm offene Fragen (keine Ja-Nein-Fragen) und widmen sich im ihm nun in Ihrer vollen, aufrichtigen Aufmerksamkeit.

Sorgen Sie dafür, anderen eine positive, förderliche Kraft-, Energie- und Lichtquelle zu sein, dann wenden sich Ihnen die Menschen „automatisch" und aufrichtig zu, wie die Blumen der Sonne.

Förderliche Charaktermerkmale

Erscheinung (wie Sie sein sollten bzw. wie andere Sie wahrnehmen sollten):

würdevoll, väterlich, vital, gesundes Selbstvertrauen, eigenständig

Qualitäten (positive Auswirkung auf Ihr Karma und Ihre Vorhaben):

großzügig, strebsam, loyal, religiös, gerecht, vertrauenswürdig

Fähigkeiten (die vorhanden sein sollten oder zu entwickeln wären):

Führungsstärke, Unabhängigkeit, starke Selbstbeherrschung, Organisationstalent, Toleranz

Blockierende Eigenschaften

Erscheinung (sofern andere Sie so wahrnehmen, sollten sie diese umwandeln):

arrogant, selbstgerecht, egozentrisch, egoistisch, prestigebesessen, machtbesessen, herrschsüchtig, dominant

Qualitäten (negative Auswirkung auf Ihr Karma und Ihre Vorhaben):

ungeduldig, eifersüchtig, engstirnig, unberechenbar, willkürlich

Fähigkeiten (sofern noch vorhanden, am besten ablegen):

unordentlich, unorganisiert, faul, manipulierend, treulos

Gesellschaftliche Funktion:

Vater, König, Staatsoberhaupt

Berufe, bzw. berufliche Positionen:

Selbständig, Geschäftsführer, Führungskraft, Freiberufler, Arzt, Architekt

Farbe:

Orange (gem. des indischen Ursprungs)

Förderliche Farbkombinationen:

Schwarz, Dunkelblau, Gelb, Weinrot

Blockierende oder spannungsgeladene Farbkombinationen:

Rot, Grün

Wer gut zu Ihnen passt:

Jupiter: *Ihr bester, objektiver Berater;* Saturn: *Ihr verschwiegener, zuverlässiger "Diener"*

Mit wem Sie gemeinsam wachsen können:

Merkur. *Es geht nicht um die Menge der Worte, sondern um deren Qualität und um die Sachlichkeit der wertfreien Informationsübermittlung (Stichwort: Selbstbeweihräucherung oder Zensur).*

Wer Sie am meisten herausfordert:

Mars. *Er rüttelt permanent an Ihrer Position, führt Ihnen ständig Ihre Schwächen hinsichtlich des Organisationstalents vor. Sofern vorhanden, gehen ihm Ihr Phlegma und Tatenlosigkeit auf die Nerven - und das lässt er Sie spüren...*

Montag - / Mond

☽ **Persönlichkeitsanalyse**

Auf den „König", den „Vater" (Sonntag) folgt im Kalender nun die Gemahlin des Königs als Mutter. Selbst in heutigen Demokratien kommt den Gemahlinnen die Rolle des sozialen Engagements zu, die sich in der Schirmherrschaft von Wohltätigkeitsorganisationen äußert.

Bei den Montagsgeborenen stehen Flexibilität, Emotionen und das Fürsorgliche im Vordergrund. Hier dreht sich alles um die Themen Selbstlosigkeit, Mitgefühl, Fürsorge, Geborgenheit, Wohltätigkeit, Wärme, Hilfs-/ Opferbereitschaft, soziale Kontakte, Freunde, Familie, Geselligkeit, Reisen, geistige Beweglichkeit und Kreativität, Stimmungen, Launen, Spontaneität, Gefühl, die Seele – und die Mutter, die Mutterrolle oder das mütterlich-nährende Prinzip.

Der Mond schützt als Erdtrabant die Erde vor Asteroiden-Einschlägen. Er herrscht über den Wasserhaushalt der Erde. Er „steuert" Ebbe und Flut. Noch heute schlagen erfahrene Forstleute Bäume zu bestimmten Mondphasen, weil das Holz dann schneller trocknet. Seine Helligkeit verdankt der Mond der Sonne, deren Licht er reflektiert. Und doch: der Mond hat eine dunkle Seite, die wir nie zu Gesicht bekommen...

Barbara Cameron, die als erste MaHaBote aus Burma in den Westen brachte, zeichnete den Mond als Frau mit nährenden Brüsten und einem Schwesternhäubchen. Natürlich können die Männer, die an einem Montag geboren für sich selbst damit weniger identifizieren. Doch die Mehrheit der Mond-Geborenen Männer zählt eher zur Kategorie „Wach-*bär*bauch“ als „Waschbrettbauch“.

Monde beiderlei Geschlechts können dauerhafter erschöpfender körperlicher Bewegung (Sport!) meistens weniger abgewinnen. Dafür sind sie lieber für Familie und Freunde da und pflegen gern die Geselligkeit. Bei aller Liebe zum Genuss: Vorsicht vor dem Missbrauch von potenziellen Suchtmitteln zur gezielten „Stimmungsmanipulation“. Stärker als bei den meisten anderen Planeten schlummert in Monden ein latentes Risiko zum Missbrauch von Stimmungsmanipulationen durch Alkohol, Tabletten oder Rauschmitteln.

Auch wenn Monde gern reisen, bewegen sie sich am liebsten innerhalb Ihrer Komfortzone. Das betrifft insbesondere Familie und Freunde, in selteneren Fällen auch die berufliche Karriere.

Montags-Kinder fallen ihren Eltern am ehesten entweder durch ihr ausgleichendes Naturell, eine soziale Ader oder ein intensives Gefühlsleben auf. Nicht alle Mond-Kinder sind gleichzeitig auch mit der Gabe gesegnet, sich im Wort kundzutun. Daher kann es hilfreich sein, ihnen gezielt und behutsam zusätzliche Möglichkeiten anzubieten, ihre Gefühle und Stimmungen auszudrücken und zu verarbeiten. Hierzu bietet sich vor allem das Singen oder das Erlernen eines Instruments an. Monde haben oft die weichsten Stimmen, die man sich vorstellen kann.

Karmisch-spirituelle Lebensaufgabe

Lernen Sie „nein“ zu sagen, damit Sie zu sich „ja“ sagen können. Mondgeborene sehen sich häufiger als andere entweder in der „Opferrolle“ oder in der Zwickmühle zwischen Herz (Mond) und dem Verstand (Jupiter). Viel zu häufig werden Entscheidungen „aus dem Bauch heraus“ getroffen – wo Sie in manchen Angelegenheiten lieber auf den objektiven Rat eines Freundes hätten hören sollen. Ihnen kann man schnell ein „schlechtes Gewissen“ und „Schuldgefühle“ einreden. Wobei Sie darin selbst gegenüber anderen in nichts nachstehen.

Besonders empfindliche Mond-Naturen neigen dazu, die „Wahrheit“ ihrer subjektiven „Wahrnehmung“ oder der aktuellen Stimmungslage anzupassen. Anstatt zu handeln und sich selbst (körperlich wie mental) oder die Situation zu verändern, leiden sie lieber unter der „seelischen Grausamkeit“ des anderen und sehen sich dann als Opfer äußerer Umstände bzw. „rücksichtsloser Mitmenschen“. Somit gelingt es ihnen natürlich die Aufmerksamkeit (und Energie) anderer auf sich zu ziehen, wobei die Mittel dann eher fragwürdig sind.

Wie Sie das Mond-Karma bewältigen:

Freunden Sie sich mit der wissenschaftlichen Erkenntnis an, dass Gefühle einzig und allein eine Folge aus Ihren eigenen Gedanken und Ihrem Tun und Lassen in Ihnen selbst entstehen. Niemand hat sie in diese Gefühle in Sie hereingetragen. Sie sind für das, was Sie fühlen und wie Sie sich fühlen in erster Linie selbst verantwortlich.

Diese Einstellung kann zu einer erheblichen Entspannung in Ihren zwischenmenschlichen Kontakten beitragen. Wenn Sie sich als „Opfer“ fühlen, dann liegt es daran, dass Sie sich als solches „angeboten“ haben. Wenn Sie der Meinung sind, sie sind sich für diese energie- und kraftraubende Form der Aufmerksamkeitsgewinnung zu schade, nehmen Sie Ihre „Opferbereitschaft“ aus dem Angebot.

Lernen Sie „nein“ zu sagen, wenn Sie es auch so meinen. Die meisten Ihrer Mitmenschen werden es überleben. Gleichzeitig werden Sie es überleben, wenn sich ihr soziales Umfeld von Zeit zu Zeit verändert. Menschen, die sich von Ihnen abwenden oder trennen, machen Platz für neue und neue Erfahrungen...

Beschäftigen Sie sich intensiver mit der „hellen“ Seite des Mondes, seinen Phasen, Wirkungen etc.

Üben Sie, mit Ihrer Aufmerksamkeit häufiger bei sich als bei Ihren Freunden oder Familienanagehörigen zu sein. Und beginnen Sie zu lieben, was Sie bei sich sehen oder sorgen Sie dafür, dass Sie an sich das sehen, was Sie liebenswert finden.

Zudem wäre es ratsam, eine Balance zwischen Herz und Verstand zu finden: erbitten Sie sich Zeit für Ihre Entscheidungen, machen Sie Pro- und Kontralisten und halten Sie sich an die Vereinbarungen mit sich und Ihren Mitmenschen.

Ihre Hilfsbereitschaft sollte stets erwartungsfrei und selbstlos motiviert sein. Und vielleicht gelingt es Ihnen ja auch mit der Zeit, eine größere Toleranz für die etwas „hitzköpfigeren“, aggressiven Zeitgenossen zu entwickeln? Manchmal bedeuten Schritte aus Ihrer Komfortzone heraus oder „ungebetene Gäste“ in Ihrer Komfortzone auch Fortschritt – zum Wohle aller.

Förderliche Charaktermerkmale

Erscheinung (wie Sie sein sollten bzw. wie andere Sie wahrnehmen sollten):

hilfsbereit, romantisch, hingabefähig, naturliebend, tierlieb, kindlich

Qualitäten (positive Auswirkung auf Ihr Karma und Ihre Vorhaben):

gefühlvoll, einfühlsam, fürsorglich, vertauenswürdig, herzlich, respektvoll

Fähigkeiten (die vorhanden sein sollten oder zu entwickeln wären):

kreativ, bescheiden, intuitiv, idealistisch, ausgleichend, flexibel, anpassungsfähig

Blockierende Eigenschaften

Erscheinung (sofern andere Sie so wahrnehmen, sollten sie diese umwandeln):

sentimental, launenhaft, unselbständig, bequem, depressiv , bieder, Helfersyndrom, kann nicht nein sagen, fühlt sich als Opfer oder macht sich gern zum Opfer, Hypochonder

Qualitäten (negative Auswirkung auf Ihr Karma und Ihre Vorhaben):

ängstlich, hysterisch, hypochondrisch, wankelmütig

Fähigkeiten (sofern noch vorhanden, am besten ablegen):

kapriziös, faul, opportun, unordentlich

Gesellschaftliche Funktion:

Mutter, Königin, mütterliche Person, Frau von höherem Rang, Frau des ... (Bürgermeisters, Chefs o.ä.)

Berufe, bzw. berufliche Positionen:

Mensch- oder Tier-Gesundheits-/Pflegeberufe, Reise-/Hotelleriebranche, Psychotherapeut, Öko-/Biobranche, Umweltschutz

Farben:

Weiß, Silber (gem. des Indischen Ursprungs)*

Förderliche Farbkombinationen:

Grün, Pastellfarben; mit Einschränkungen: Weinrot, Gelb

Blockierende oder spannungsgeladene Farbkombinationen:

Rot

Wer gut zu Ihnen passt:

Merkur: *Er fasst in Worte oder hilft Ihnen die Worte zu finden auszudrücken, was Sie fühlen. Sie inspirieren ihn zu Lyrik oder Prosa; er motiviert Sie, Gefühlen nachzugehen.*

Mit wem Sie gemeinsam wachsen können:

Jupiter: *Ewig Freund und Feind. Sie können sich über das Ziel schnell einigen. Er versucht jedoch, dieses planvoll und verstandesorientiert zu erreichen. Doch im entscheidenden Augenblick werfen Sie alles, worauf Sie sich geeinigt haben, über den Haufen, weil Sie lieber spontan mal Ihrer Intuition folgen mussten... . Sie verbindet der Sinn für die Familie, wenngleich aus unterschiedlichen Motiven: Ihnen bietet die Familie Schutz und Sicherheit. Jupiter sieht in ihr jedoch vor allem ein Zeichen für sein Traditionsbewusstsein und benutzt sie teilweise zu Image- und Prestigezwecken.*

Wer Sie am meisten herausfordert:

Mars: *Sie, der Mond sind Wasser, Mars ist das Feuer. Treffen Sie aufeinander ist es wie mit einem Druck-Kochtopf oder einem Bügeleisen: es entsteht heißer Wasserdampf. Der Mars ist Ihnen zu draufgängerisch, direkt, brutal, geradlinig. Der Mars hingegen hält Sie für launisch, ängstlich, empfindlich und unzuverlässig. Erwarten Sie nicht, dass ein Mars Sie zuerst versteht. Sie können ihn und seinen Respekt nur dann gewinnen, wenn Sie ihm Ihre Zuverlässigkeit und Loyalität beweisen – und sich auch mal trauen, aus Ihrer Komfortzone herauszutreten.*

Dienstag - / Mars

♂ **Persönlichkeitsanalyse**

Nach dem König (Sonne-Sonntag), der Mutter (Mond-Montag) repräsentiert Mars nun den General. Er ist nicht nur der Herrscher des Dienstags. Er steckt namentlich auch im Monat März. Mitte März zogen die „alten Römer“ nach der Winterpause wieder in den Krieg. Dienstagsgeborenen beiderlei Geschlechts haftet in vielen Fällen etwas eines „Generals“ an.

Sie identifizieren sich vorrangig mit den Themen Wettkampf, Motivation, Leidenschaft, Impulsivität, Ungeduld, Machertum, Kampf, Ehrgeiz, Konkurrenzkampf, Leidenschaft, Sport, Bewegung, Veränderung, Drang, Druck, Feuer, Handlung, „Action“, Männlichkeit. Wo es sich beim Mond um die Seele drehte, geht es dem Mars vor allem um das Körperliche.

Ein Mars bevorzugt konkrete Taten und vorzeigbare, greifbare Ergebnisse. Ein Mars will abends nach Hause kommen und vorweisen können, was er geschaffen hat. Er hat einen unbändigen Sinn fürs Praktische und könnte als der Erfinder des "Betrieblichen Vorschlagswesen für Verbesserungen" gelten.

Konflikte mit dem Vater oder Vorgesetzten sind vorprogrammiert, weil es den Mars natürlich nach Veränderung und neuen Eroberungen oder Entdeckungen bzw. Erfindungen gelüstet. Gerade die Jungs unter den Dienstagskindern sehen in ihrem Vater das ideale Objekt, sich in ihrer Männlichkeit zu messen.

Die Mütter der Dienstagskinder sollten immer ausreichend Pflaster und Eisbeutel bereithalten. Kommen Sie jedoch nicht auf die Idee, Ihr Marskind im Beisein von anderen (Jungs) zu mütterlich trösten zu wollen. Er ist ja kein Weichei (vor den anderen !).

Mars-Geborene erfahren nicht immer die gewünschte Unterstützung der Eltern. Für den Vater kann ein Mars zu „aufmüpfig“ und (heraus)fordernd sein. Die Mutter empfindet ihn als hitzköpfigen Abenteurer und zieht möglicherweise „angepasstere“, „gehorsamere“, „pflegeleichtere“ Geschwister vor. Sie wissen jedoch häufig nicht, dass dies der Grundstein für einen Teufelskreis aus übertriebenem Ehrgeiz um Liebe und Anerkennung bei ihrem Dienstags-Kind sein kann. Liebe und Zuneigung scheinen dann für den Mars auch im späteren Leben oft nur gegen Leistung oder Anstrengung erhältlich oder erstrebenswert.

Karmisch-spirituelle Lebensaufgabe

„Liebe ist ein Feuer! Nur, ob es Deinen Ofen wärmt oder das gesamte Haus abfackelt, wer kann das schon wissen?!“ Feuer haben die Mars-Geborenen auf ihrer Seite. Doch nur selten ist Angriff der beste Weg der Verteidigung. Im Gegenteil: sie sind der Liebe und Anerkennung, um die der Mars häufig zu kämpfen hat, hinderlich. Ebenfalls ist nicht jeder, der sich Ihnen in den Weg stellt ein Feind oder Konkurrent (oder Bett-Hase).

Wie Sie das Mars-Karma bewältigen:

Bevor Sie das nächste Mal die Waffe ziehen, die Keule (oder anderes) schwingen, beginnen Sie doch einfach mal ein Gespräch mit demjenigen, der es gewagt hat, sich Ihnen in den Weg zu stellen. Stellen Sie ihm offene Fragen (keine Ja-Nein-Fragen). Entwickeln Sie eine Neugierde, was die „Botschaft“ des Betreffenden für Sie ist.

Lösen Sie die verhängnisvolle Verknüpfung von Tat und Liebe in ihrem Kopf auf. Lernen Sie sich als Mensch lieben, egal ob Sie etwas tun oder lassen. Was nicht heißen soll, gebotene Hilfeleistungen gegenüber anderen zu unterlassen.

Der Mars sollte seine warme, weibliche Seite kultivieren. Insbesondere die männlichen Marsgeborenen sollten ihren Blick auf die weiblichen Zeitgenossinnen über die rein "horizontalen Möglichkeiten" hinauf anheben.

Es liegt an Ihnen, wie Sie mit Ihren Kräften, dem Feuer und der Leidenschaft umgehen. Wenn Sie das Feuer in seiner reinigenden Funktion auf Ihr eigenes Leben abstimmen und ihren (überschüssigen) Tatendrang einem höheren Zweck widmen, gewinnen nicht nur Tun und das Feuer an Qualität.

Leidenschaft im Dienst am anderen bedeutet einen Zugewinn an innerer Zufriedenheit und innerer Sicherheit.

Empfehlenswert wäre auch, sich mehr als bisher um die vermeintlich Schwächeren oder „empfindlicheren“ Naturen im näheren Umfeld zu kümmern. Auch, wenn man mit denen nicht in den „Krieg“ ziehen kann, so könnten sich unter ihnen wertvolle Befürworter oder Netzwerker finden, die den Mars in seiner Sache durchaus auf ihre eigene Art und

Weise unterstützen, wenn sie sich von ihm ernst und angenommen fühlen.

Finden Sie zu Gleichmut, einer ausgeglichenen Geisteshaltung, Unparteilichkeit und Unbefangenheit.

Förderliche Charaktermerkmale

Erscheinung (wie Sie sein sollten bzw. wie andere Sie wahrnehmen sollten):

aufmerksam, unabhängig, herausfordernd, energiegeladen,, begeisterungsfähig, begeisternd

Qualitäten (positive Auswirkung auf Ihr Karma und Ihre Vorhaben):

ansprechend, ehrgeizig, entschlossen, direkt, ehrlich, mutig, ritterlich

Fähigkeiten (die vorhanden sein sollten oder zu entwickeln wären):

initiativ, leidenschaftlich, patriotisch, beschützend, selbstsicher, ergebnisorientiert, ausdauernd, kämpferisch

Blockierende Eigenschaften

Erscheinung (sofern andere Sie so wahrnehmen, sollten sie diese umwandeln):

prahlerisch, vulgär, fanatisch, grob, ausnutzend

Qualitäten (negative Auswirkung auf Ihr Karma und Ihre Vorhaben):

stur, gewalttätig, gemein, ungeduldig, eifersüchtig

Fähigkeiten (sofern noch vorhanden, am besten ablegen):

zerstörerisch, streitsüchtig, rücksichtslos, triebhaft, quälend

Gesellschaftliche Funktion:

Ehemann, Liebhaber, Witwer, General

Berufe, bzw. berufliche Positionen:

Manager, Chirurg, Militär, Produzent, Hersteller, Erfinder für Praktisches, Verbesserungen, Polizist, Detektiv, Personenschutz

Farben:

Signalrot

Förderliche Farbkombinationen:

Wollweiß, Erdtöne

Blockierende oder spannungsgeladene Farbkombinationen:

Weiß

Wer gut zu Ihnen passt:

Venus: *Der Sexappeal einer Venus weckt in Ihnen zügig die Leidenschaft...*

Rahu: *Der beste Partner, um gemeinsam für eine Sache zu kämpfen. Wozu Ihnen der Mut fehlt, erledigt Rahu für Sie. Doch Vorsicht vor dessen Manipulations-Künsten.*

Mit wem Sie gemeinsam wachsen können:

Mond: *von ihm können Sie noch was in puncto Feingefühl lernen.*

Wer Sie am meisten herausfordert:

Sonne: *Die Egozentrik und der Hang zum Stillstand bzw. Besitzstandswahrung bringt jemanden wie Sie auf die Palme.*

MITTWOCH (VORMITTAGS) - / MERKUR

☿ Persönlichkeitsanalyse

Merkurs Aufgaben sind die „Hofberichterstattung“ und der Handel. Was wäre heute eine Firma ohne „PR-Abteilung“ oder ein Sportverein ohne Pressesprecher. Fast jedes Unternehmen, jede Vereinigung oder Einrichtung betreibt – mehr oder weniger intensiv – Öffentlichkeitsarbeit. Man könnte meinen, das Informations- und Kommunikationszeitalter, in dem wir leben, ist eine Erfindung der Mittwoch-Vormittage.

Für die Mittwoch-Vormittage (Merkur) stehen das Sammeln von Eindrücken, das gedankliche Verarbeiten dieser Eindrücke und das Berichten darüber im Vordergrund. Sprache als Gabe der Kommunikation ist ein wertvolles Instrument. „Manchmal bedarf es tausend Worte, um das Vertrauen eines Menschen zu gewinnen. Doch manchmal reicht ein einziges aus, es für immer zu verlieren.“ Die Art, Qualität und Quantität Ihrer kommunikativen (Selbst-) Darstellung verraten Ihrem Gegenüber sehr schnell Ihre Motivation und die Ausprägung Ihres Ego.

Die Merkur-Kinder „müssen“ einfach ihren Eltern alles erzählen, nicht immer objektiv, aber sie brauchen einen geduldigen Zuhörer. Eltern können auch davon ausgehen, dass das Kind ein Talent zum Schreiben oder Texten hat, vielleicht auch einen Hang zur Schauspielerei fühlt. Wenn es den Eltern gelingt, erste Anzeichen für diese Anlagen zu erkennen und das Kind damit experimentieren lassen, kann die so entwickelte Stärke im späteren Leben eine zuverlässige Quelle für das Selbstvertrauen darstellen.

Karmisch-spirituelle Lebensaufgabe

Altindische Astrologie-Quellen, die zwischenzeitlich auch in deutscher Literatur wieder zu finden sind, geben folgende Empfehlung für die Bewältigung des Merkur-Themas heraus: „Das Aussprechen guter Gedanken und das Vermeiden des Unnötigen ist der erste Schritt, das Vermeiden einer verdrehten Darstellung von Gedanken im Wort ist der zweite Schritt und das völlige Aufgeben von Urteilen über andere in Wort und Gedanken ist der dritte Schritt. Eine sorgfältige Gedankenanalyse und das Wählen passender Worte ist der nächste Schritt." Diese Weisheit sollten Sie insbesondere dann beherzigen, wenn Sie mit den bisherigen Ergebnissen oder Folgen Ihrer Kommunikation unzufrieden sind.

Auch mangelnde Wertschätzung, Vor- oder Fehlurteile Ihnen gegenüber könnten auf eine bisher überstrapazierte Auslegung Ihres Merkur-Talents hindeuten. Das o.g. Zitat hat sich bisher für alle Störungen in diesem Bereich als das wirksamste Mittel überhaupt erwiesen. Zum Zwecke der Informationsgewinnung und zur Kundenbindung bedienen sich werbeeinnahmen-abhängige Medien (Radio, Fernsehen, Internet) gern interaktiver Möglichkeiten, hierzu zählen u.a. Votings, Interviews oder „Meinungsabfragen" – vermutlich alles überwiegend „Erfindungen" von Mittwochs-Geborenen.

Wie Sie das Merkur-Karma bewältigen:

Finden Sie zu einem Mindestmaß an Objektivität und Neutralität zurück. Halten Sie sich bewusst von jeglichen Votings, Abstimmungen und „Beurteilungen“ anderer fern. Wir kennen immer nur einen Teil der Wahrheit, nämlich diesen Teil, der unserem Persönlichkeitsmuster am nächsten ist. Sobald Sie sich aus diesem Muster befreien, wird man Sie auch immer häufiger „besser“ beurteilen und ein-/wertschätzen.

Förderliche Charaktermerkmale

Erscheinung (wie Sie sein sollten bzw. wie andere Sie wahrnehmen sollten):

humorvoll, diskussionsfreudig, neugierig, anpassungsfähig, literarisch interessiert

Qualitäten (positive Auswirkung auf Ihr Karma und Ihre Vorhaben):

wissbegierig, gelehrig, verständnisvoll, vielseitig, beweglich

Fähigkeiten (die vorhanden sein sollten oder zu entwickeln wären):

Gabe zum Perspektivenwechsel, beobachtend, verstandesorientiert, wissenschaftlich arbeitend, diplomatisch

Blockierende Eigenschaften

Erscheinung (sofern andere Sie so wahrnehmen, sollten sie diese umwandeln):

geschwätzig, übel nachredend, eingebildet, oberflächlich

Qualitäten (negative Auswirkung auf Ihr Karma und Ihre Vorhaben):

geistig abwesend, unruhiger Geist, wertend, zweifelnd , flatterhaft, nervös

Fähigkeiten (sofern noch vorhanden, am besten ablegen):

vergesslich, Konzentrationsschwäche, lästernd

Gesellschaftliche Funktion:

Prinz, Prinzessin, Kinder, Diplomat

Berufe, bzw. berufliche Positionen:

Beruf bzw. berufliche Positionen: Journalist, (Natur-)Wissenschaftler, Dichter, Astronom, Astrologe, Redakteur, Kaufmann, Händler, Coach, Architekt, Schauspieler, Assistent

Farben:

Helles Grün / Frühlingsgrün

Förderliche Farbkombinationen:

Weiß, Pastellfarben

Blockierende oder spannungsgeladene Farbkombinationen:

Orange, Olivgrün, Erdtöne

Wer gut zu Ihnen passt:

Mond *und* Venus *sind Ihre absoluten Lieblinge. Der Gefühlsreichtum des Mondes und die Anziehungskraft der Venus beflügeln Ihren Geist und bereichern Ihre Phantasie.*

Mit wem Sie gemeinsam wachsen können:

Sonne: *"Wes Brot ich ess', des Lied ich sing." Auch, wenn es Sie viel Überwindung kostet, werden Sie mit dem was Sie sagen, schreiben, denken oder tun stets die Hand, die Sie füttert im Auge behalten müssen. Es sei denn, Sie haben den Mut und das Selbstvertrauen, Ihr eigener Herr zu werden - beruflich wie privat.*

Wer Sie am meisten herausfordert:

Rahu: *in Wahrheit sind Sie sich ähnlicher, als Sie es wahrhaben wollen. Natürlich sind Ihre Worte edler und das Benehmen feiner, doch Rahu genießt deutlich mehr Freiheiten als Sie, weil er sich das traut, wozu Ihnen der Mut fehlt.*

Mittwoch (nachmittags) - / Rahu

☊ Persönlichkeitsanalyse

Wer am Mittwochnachmittag bzw. an einem Donnerstag vor Sonnenaufgang geboren wurde, hat als Geburtsherrscher den sog. „Rahu“. Selbst in unserem Kulturkreis ist der Mittwoch kalendarisch heute noch getrennt. So gibt es Kulturen, die dem Mittwoch Merkur zuordnen, z.B. die romanischen Sprachen, z.B. „Mercredi“ im Französischen oder „Miercoles“ im Spanischen. Und es gibt westliche Kulturen, in denen sich im Mittwoch der ge-manische Gott Wotan bzw. Odin wiederfindet, wie Wednesday (engl.), Woenzdag (ndl.), Oensdag (schwedisch) wiederfindet. Wenngleich es eher eine „düstere“ Charaktereigenschaft ist, so kann die Odin-Beschreibung aus Wikipedia (Auszug) durchaus auch für den Rahu und somit den Mittwoch-Nachmittagsgeborenen gelten:

> *„Die inspirierte, seelische Erregung kann sich auf die poetische Dichtung ebenso beziehen wie auf die Magie und deren Möglichkeiten im Krieg, indem die Gegner magisch verblendet wurden, oder auf die Jähzorn artige Berserkerwut.“*

Rahus fühlen sich – ohne es bisher wirklich gewusst zu haben – häufig als „Schatten“, Joker, Narren, Freischärler, Rebellen, (Widerstands-)Kämpfer oder Robin Hoods bzw. irgendwo dazwischen. Alle anderen Wochentage können – teilweise mit bloßem Auge – ihren Geburtsherrscher am Nachthimmel ausmachen und sich mit ihm auf einer gewissen physischen Ebene identifizieren, der Rahu nicht. Seine Aufgabe ist es, Systeme und Gesetze auf den Prüfstand zu bringen, über Grenzen zu gehen und somit für Umbrüche, Umdenken, Erneuerungen und auch Fortschritt zu sorgen. Für die meisten anderen Wochentage stellt er daher eher eine Herausforderung oder gar Bedrohung dar, als einen knuddeligen Kuschelbären.

Eigenschaften wie Scharfsinn, Scharfzüngigkeit, Extreme und Unbeirrbarkeit stellen häufig Eltern und Lehrer von Rahu-Kindern vor größere Herausforderungen. Zudem gelten sie auch noch als die Meister der Manipulation, wittern sie eine Lüge jedoch auch nur meilenweit gegen den Wind – und dann ist eh alles zu spät.

Rahu-Kinder sind – wie ein Schatten - nur eingeschränkt führbar; und wenn sie anderer Meinung als Eltern, Lehrer oder Vorgesetzte sind, dann hat das zunächst nichts mit deren Person an sich zu tun – es sei denn, sie haben einen Rahu jemals belogen… Helfen Sie Ihrem Rahu-Kind seine extremen, aber durchaus begrenzten Energien schon früh für förderliche Zwecke aufzuwenden.

Geben Sie Ihrem Rahu-Kind weniger Veranlassung zur Opposition als vielmehr die Chance – auf seine eigene Art und Weise – auf Integration. Wichtiger ist doch, dass er bei einem Familienfest dabei ist, als ausgeschlossen zu sein, nur weil er zuvor noch beim „innovativen Friseur seiner Wahl" war.

Was ein Rahu-Kind tut, tut es nicht gegen irgendjemanden, sondern in erster Linie für sich, um Bestätigung und Aufmerksamkeit zu bekommen. Das heißt nicht, dass Sie ihn für das Lila im Haar oder die zerschnittenen Jeans nun loben müssen...

Karmisch-spirituelle Lebensaufgabe

Kann ein Schatten wirklich Blockaden haben? Vielleicht ist die Annahme von Astrologen tröstlich, dass Rahus Seelen sind, die „freiwillig" und just for fun reinkarniert sind, obwohl eigentlich gar keine Notwendigkeit mehr vorlag. Natürlich ist es Ihre Aufgabe, Festgefahrenes aufzubrechen, aber vielleicht mit anderen Methoden, als Sie es bisher versucht haben? Sehen Sie darin keine Last, sondern einen Spaß und Freude. Dann können vielleicht diejenigen, denen Sie bisher auf die Füße oder in den Hintern treten mussten, diese „Qual" auch mit einem lachenden Auge sehen. Beschränken Sie sich häufiger auf ihren eigenen Bereich, wenn Sie nach Möglichkeiten der Verbesserung und Veränderung suchen und vor allem nach Betätigungsfeldern für Ihre überschüssige Energie – bevor Sie bei anderen anfangen und sich wieder eine blutige Nase holen.

Verzichten auf Lust- und Motivationsgewinn aus materiellen Dingen oder Aufputschmitteln bzw. Drogen oder sonstigen Süchten. Als Schatten gelingt es Ihnen leichter als den „materiellen" Wochentagen, sich mit den feinstofflichen Energien zu verbinden. Hieraus können Sie Ihre Kraft, Inspiration und auch Ihren Frieden mit sich finden, wenn Sie sich mal wieder vom „Weltverbessern“ erschöpft fühlen.

Wie Sie das Rahu-Karma bewältigen:

Achten Sie darauf, sich mit warmen, hellen, förderlichen Energien einzulassen, wenn Sie sich auf feinstoffliche Themen einlassen. Vermeiden Sie, gegen etwas oder gegen jemanden zu sein. Damit entladen Sie ihren ohnehin immer etwas schwä-chelnden Akku, weil Sie sein Energiefeld „füttern“. Entziehen Sie daher radikal demjenigen die Energien und Aufmerksamkeit. Wenden Sie sich stattdessen den Dingen oder Menschen zu, für die Sie sind und die Sie fördern wollen. Dann hat Ihr vermeintlicher Gegner eh schon verloren. Außerdem wird sich weniger Widerstand positiv auf Ihre Gesundheit und Lebensfreude auswirken. Vermeiden Sie Manipulationen jeder Art und verzeihen Sie anderen deren Lügen – gern auch im Stillen. Lügen haben ihre Ursache immer in Ängsten oder Komplexen. Gönnen Sie sich daher von Zeit zu Zeit gern den inneren Triumph so stark oder mächtig zu sein, dass dem anderen nur das Mittel der Lüge geblieben ist – und gehen Sie mit diesen Menschen besonders achtsam um.

Förderliche Charaktermerkmale

Erscheinung (wie Sie sein sollten bzw. wie andere Sie wahrnehmen sollten):

aktiv, ehrgeizig, direkt, kraftvoll, wandlungsfähig

Qualitäten (positive Auswirkung auf Ihr Karma und Ihre Vorhaben):

scharfsinnig, unkonventionell, Interesse am Okkulten, Interesse an fremden Völkern und Orten, vielseitig

Fähigkeiten (die vorhanden sein sollten oder zu entwickeln wären):

defensiv, unabhängig, sprachbegabt, befreiend, erfinderisch, visionär

Blockierende Eigenschaften

Erscheinung (sofern andere Sie so wahrnehmen, sollten sie diese umwandeln):

ziel- und maßlos, fanatisch, rachsüchtig, eifersüchtig, Neigung zu Missbrauch (aktiv oder passiv), unberechenbar, geistig abwesend

Qualitäten (negative Auswirkung auf Ihr Karma und Ihre Vorhaben):

ungeduldig, unentschlossen, ruhelos, gemein, stur, opportun

Fähigkeiten (sofern noch vorhanden, am besten ablegen):

grausam, zerstörerisch, rebellisch, tyrannisch, manipulierend, hinterhältig

Gesellschaftliche Funktion:

Rebell, Narr, Trendsetter

Berufe, bzw. berufliche Positionen:

Metzger, Jäger, Fischer, Landwirt, ungelernter Arbeiter, Designer, Trendsetter, Software-Programmierer, Schamane, Handwerker, Techniker

Farben:

Erd- und Tarnfarben

Förderliche Farbkombinationen:

Schwarz, Dunkelblau, Rot

Blockierende oder spannungsgeladene Farbkombinationen:

Grün, Gelb, Weinrot

Wer gut zu Ihnen passt:

Saturn: *Die Sympathie von Saturnen ist Ihnen sicher. Diese bewundern Ihre Wandlungsfähigkeit und Freigeist, was nicht automatisch bedeutet, dass sie Ihrem Beispiel folgen würde. Sie wiederum schätzen an ihnen ihre Zuverlässigkeit und Beständigkeit. Nehmen Sie die Ängste der Saturne ernst und akzeptieren Sie, dass Saturne (oder Saturn-Jahre) nur ungern Partei ergreifen. Dazu fehlt ihnen der Mut.*

Mit wem Sie gemeinsam wachsen können:

Mars: *Mit Mars verbindet Sie die Leidenschaft, das Bedürfnis nach Wettkampf und der Tatendrang. Allerdings sind Sie dem Mars zu unberechenbar und "unkonventionell".*

Wer Sie am meisten herausfordert:

Jupiter: *Er steht für Tradition, Sie für den Umsturz. Er ist der Lehrer. Sie lieben oder hassen ihn. Sie folgen ihm und seiner Lehre solange, bis sie ihn oder seiner Lehre eines Fehlers oder einer Unstimmigkeit überführen. Sollte dadurch Ihr persönliches Gerechtigkeitsempfinden getroffen sein, scheuen Sie nicht davor zurück, ihn vorzuführen oder zu vernichten - oder eins nach dem anderen.*

Donnerstag - / Jupiter

♃ Persönlichkeitsanalyse

Jupiter als Herrscher des Donnerstags kann als der Berater, Lehrer oder Anwalt des Königs gesehen werden. Er ist als Hüter von Recht, Gesetz, Objektivität, Sitte, Anstand, Moral, Lehre, Wissen, Weisheit, Philosophie, Religion und Tradition in höheren Kreisen gern gesehener Gast und gefragter Ratgeber. Sie gelten häufig als sehr großzügig.

Das Leben von Donnerstags-Geborenen spielt sich vor allem auf Verstandesebene ab. Sie stellen sich als Wissens- und Faktensammler dar, vor allem, wenn Sie vor einer weitreichenden Entscheidung stehen. Je mehr Sie sich im Rahmen „wissenschaftlich validierter Systeme“ bewegen, desto sicherer fühlen Sie sich. Experimentierfreude und Intuition genehmigen Sie sich allenfalls dann im Leben, wenn Sie Ihre Schäfchen im Trockenen haben. Das kann sowohl Beruf als auch die Ehe betreffen. Mit einer Trennung – insbesondere im Privaten - tun Sie sich jedoch insbesondere dann schwer, wenn Sie den Verlust von Ansehen und Image vor Augen haben, egal wie verfahren die Beziehungssituation auch sein mag. Schließlich ist Ihre Stärke die Loyalität.

Ihre Angst vor dem Imageverlust ist vor allem dann begründet, wenn bisher immer Sie der Richter über Gut und Böse, Sitte und Moral waren und nun befürchten müssten, selbst am Pranger zu stehen.

Es hat häufig den Anschein als seien die Donnerstagskinder besonders „erhaben“ und „souverän“ und völlig fehlerfrei, so dass sich jede Kritik erübrigt. Es kann vorkommen, dass sich Donnerstagskinder früher oder später ihr eigenes Gesetz „schreiben“, um die erlangte Position zu festigen und auszubauen. von Donnerstags-Kindern sollten daher früh anfangen, dem Nachwuchs neutral die zwei Seiten einer Medaille zeigen, bevor sie vorschnell über andere urteilen.

Karmisch-spirituelle Lebensaufgabe

Immer wieder geraten ausgerechnet die Rechtsvertreter oder Politiker in das Interesse der Öffentlichkeit durch einen Lebenswandel, der sich im Privaten auf der Schattenseite des allgemeinen Verständnisses von Sitte und Moral bewegen oder der sonst wie gesetzeswidrig erscheint bzw. ist. Ab einer gewissen gesellschaftlichen Position oder Machtposition scheint die Gefahr besonders groß, in die Selbstgefälligkeit oder Selbstgerechtigkeit abzugleiten.

Am besten lässt sich das Risiko, den Verlockungen der zweifelhaften Eigenschaften zu erliegen oder zum Dauerprozessierer zu mutieren, gering halten, indem Sie ganz bewusst zu der angeborenen Geisteshaltung eine hohe emotionale und soziale Kompetenz und Selbstlosigkeit anstreben. Sie oder Ihre Eindrücke sind nur Ihre Wahrnehmungen und nicht „die“ Wahrheit. Das gilt – genau genommen – auch von jedem Gesetzeswerk, das je von einem Menschen verfasst wurde, auch wenn die Quelle noch so göttlich gewesen sein mag.

Wie Sie das Jupiter-Karma bewältigen:

Neben der Erkenntnis des Unterschieds zwischen Wahrnehmung und Wahrheit könnten Sie sich ja vielleicht auf gesetzlich korrekte und dennoch unkonventionelle Art und Weise für diejenigen einsetzen, die mit dem „Gesetz" in Konflikt geraten sind. Jemandem zu helfen, die Quelle seiner Motivation für eine „un-gesetzliche" Tat zu erkennen und diese Kraft daraus in etwas Positives umzuwandeln, birgt eine besonders tiefgreifende, bereichernde Erfahrung für alle Beteiligten. Auch, wenn es wissenschaftlich (noch) nicht bewiesen ist, könnten Sie somit Ihren kleinen Beitrag für eine sicherere, friedlichere Gesellschaft leisten - und ganz nebenbei Blockaden in eigenen Leben auflösen…

Eine andere Möglichkeit wäre, mal zu recherchieren, welchen „Irrtümern" die Wissenschaft im Laufe der Jahrhunderte schon aufgesessen war – weil sie es nicht besser wusste. Oder dass Sie sich dramatischen Konsequenzen einer „fanatischen" Lehrmeinung anschauen. Die Geschichte ist voll davon, z.B. „die Erde ist eine Scheibe" ! Das könnte Ihnen helfen, eigene „zementierte" Auffassungen oder Glaubensansichten etwas zu lockern, um der Veränderung und dem Fortschritt sowie dem Herz mehr Raum zu geben.

Förderliche Charaktermerkmale

Erscheinung (wie Sie sein sollten bzw. wie andere Sie wahrnehmen sollten):

wohlwollend, vertrauenswürdig, würdevoll, objektiv, Gemütsmensch

Qualitäten (positive Auswirkung auf Ihr Karma und Ihre Vorhaben):

großzügig, philosophisch, vernunftorientiert, caritativ engagiert

Fähigkeiten (die vorhanden sein sollten oder zu entwickeln wären):

weitsichtig, tolerant, religiös, gerecht, rechtschaffen, traditionsbewusst

Blockierende Eigenschaften

Erscheinung (sofern andere Sie so wahrnehmen, sollten sie diese umwandeln):

prahlerisch, überheblich, großspurig, kritiksüchtig, rechthaberisch, elitär

Qualitäten (negative Auswirkung auf Ihr Karma und Ihre Vorhaben):

verschwenderisch, umherstolzierend, Moralapostel, Genusssucht

Fähigkeiten (sofern noch vorhanden, am besten ablegen):

anmaßend, unentschlossen, selbstgerecht, streitsüchtig

Gesellschaftliche Funktion:

Ratgeber, guter Freund, Meister

Berufe, bzw. berufliche Positionen:

Mönch, Richter, Politiker, Philosoph, Minister, Anwalt, Geschäftsführer, Berater, Coach

Farben:

Gelb, Weinrot

Förderliche Farbkombinationen:

Orange; mit Einschränkungen: Weiß, Silber

Blockierende oder spannungsgeladene Farbkombinationen:

Erdfarben, Olivgrün

Wer gut zu Ihnen passt:

Sonne: *Sie und die Sonne. Kaum jemand ergänzt sich so gut wie Sie beide. Bei Sonnen können Sie mit Ihrem Wissen, Ihrer Objektivität und Ihrem Rat glänzen. Viele Entscheidungen, die eine Sonne trifft, trifft sie auf der Grundlage Ihres Wissens. Dafür erfahren Sie die Wertschätzung und können im Idealfall im Ruhm und Licht der Sonne baden.*

Mit wem Sie gemeinsam wachsen können:

Mond: *Sie und der Mond. Eine nie enden wollende Geschichte. Sie sind der Meinung, so zu sein wie er: sensibel, einfühlsam, emotional. Doch sie denken es mehr, als dass sie es fühlen - im Vergleich zum Mond. Sie sind vom Naturell eher rational angelegt, der Mond eindeutig emotional. Sich hier auf das Ziel zu verständigen mag vielleicht gelingen, auf den Weg hingegen weniger. Ersetzen Sie (Ihr) Gesetz durch (sein) Gefühl - zumindest in dem einen oder anderen Bereich. Die Herausforderung besteht für Sie darin, der Intuition des Mondes zu vertrauen und Führung an ihn abzugeben...*

Wer Sie am meisten herausfordert:

Rahu: *Ob Ihre Lehren wirklich haltbar und Ihre Gesetze gerecht sind, das testen die Rahus für Sie aus. Oh, und über Ihr hochgehaltenes Traditionsbewusstsein setzen sich diese Zeitgenossen auch gern hinweg. Rahus zeigen Ihnen Ihre wahre Kritikfähigkeit und Unwahrheiten auf. Es liegt an Ihnen, ob Sie sich darüber bis zur Weißglut ärgern oder diesen Impuls aufnehmen und die Energien zur Verbesserung Ihres Systems nutzen. Natürlich können Sie einen Rahu auch wegsperren, das befreit Sie jedoch allenfalls von den Symptomen, jedoch nicht von der Ursache. Achten Sie beim Verfassen von Texten (Büchern oder Diplom-/Doktorarbeiten) unbedingt auf einen akribischen Quellen-Nachweis - Rahu wäre der erste, der Sie an dieser Schwachstelle packt. Insbesondere, wenn Sie ihm zuvor irgendwie auf die Füße getreten sind oder für seine Ansprüche zu langsam oder unflexibel waren.*

FREITAG - / VENUS

♀ Persönlichkeitsanalyse

Venus, das sind die Themen Sinnlichkeit, Erotik und Genuss in einem Wochentag, in einer Person. Wer viel arbeitet, darf auch mal feiern. Es kümmern sich ja die übrigen Wochentage und die ernsten Dinge im Leben, da wird es Zeit, dass sich mal jemand den schönen Künsten, der Kultur, dem Luxus und Parties widmet. Venus gilt als der schillerndste Planet – und das färbt zweifelsohne auf die Freitags-Geborenen ab…

Ohne Malerei, Musik, Schauspielerei, Dekoration, Flirt, Üppigkeit oder Blumenlieferservice würden uns doch die ganze Farbenpracht, aber auch das sicher Stilempfinden, die Lebens- und Sinnenfreude, das Lachen und der Genuss fehlen – und die berechtigte Existenz für Finanz-, Steuer- und Ernährungsberater und Diäten…

Wenn es ihn nicht schon gegeben hätte, die Freitags-Geborenen hätten ihn erfunden: den Flirt. Sie verbreiten gute Laune und haben meistens auch eine gute Ausdrucksweise. Abgesehen von Ihren penibel-pedantischen Zeitgenossen kann Ihnen kaum einer lange oder dauerhaft böse sein, denn Ihr Charme ist zum Niederknien umwerfend. Diese Eigenschaft befähigt die Venus-Geborenen auch zum Friedensstifter.

Freitagskinder nähern sich größtenteils spielerisch dem Leben, dem Lernen und (meist früher als später) der Liebe. Daher sollten die Eltern ihre Maßstäbe hinsichtlich der notwendigen Strebsamkeit ihrer Freitagskinder mindestens bis zur Vollendung des 16. Lebensjahres eher weiter unten ansetzen. Statt Druck und Bestrafung kommen sie mit (gesteuerten) Freiräumen für Kreativität und Förderung von „venusischen" Hobbies eher ans Ziel. Disziplin und Ehrgeiz können – sofern „gesund" vorgelebt – durchaus noch in den späten Teenager-Jahren hervortreten.

Karmisch-spirituelle Lebensaufgabe

Alle Extreme und Übertreibungen führen zur Zerstörung und zur Erkrankung und oftmals somit auch zum vorzeitigen Zusammenbrechen eines Systems. Das gilt beispielsweise für Finanzen sowie Sex. Insbesondere wenn das eine oder andere oder beides darauf verwendet wird, das eigene Ego zu befriedigen oder um Aufmerksamkeit von anderen zu erhalten, um so von deren Energie zu leben, werden das Bankkonto, die Gesundheit und auch das Seelenleben unnötig strapaziert und vermeidbaren Risiken ausgesetzt. Das Leben verläuft für Sie glücklicher, entspannter und sorgenfreier, wenn Sie selbst für die Balance Ihrer einen oder anderen auffallenden Eigenschaft sorgen, bei der Sie schon seit längerem über die Stränge schlagen. Finden Sie Möglichkeiten, sich auch ohne die Aufmerksamkeit oder Liebesbeweise sicher, wohl, attraktiv und eins mit sich zu fühlen.

Wie Sie das Venus-Karma bewältigen:

Sollten Sie als weibliche Freitagsgeborene hingegen das Gefühl haben, gar nicht wahrgenommen zu werden, sollten sie sich stärker mit der Betonung und dem Ausleben Ihrer weiblichen, erotischen Seite beschäftigen – und wenn es zunächst nur für Sie selbst ist. Manchmal hilft schon der Besuch in einem Dessous Laden, idealerweise an einem Freitag... Freitagsgeborene Männer, die das Gefühl haben, mit Frau an sich auf „Kriegsfuß" zu stehen, kann zwar der Besuch im Dessous Laden vielleicht auch gut tun. Viel besser können Sie diese Blockade jedoch auflösen, indem Sie sich gezielt im Respekt vor Frauen und der Förderung von Frauen üben.

Berücksichtigen Sie bei aller Großzügigkeit und lieblichem Leichtsinn, dass Sie Ihre Möglichkeiten, sich erfolgreich in gewissen Grundregeln, wie Pünktlichkeit, Treue, Kommunikationsverhalten und Verantwortungsbewusstsein zu üben und diese – auch für sich selbst – kontinuierlich auszubauen. Inneren Frieden finden Sie dauerhaft weder in der Küche noch in Ihrer Lieblingsboutique. Streben Sie nach einer Balance von freiem Schöpfertum und einem Mindestmaßes an Struktur und Zuverlässigkeit.

Förderliche Charaktermerkmale

Erscheinung (wie Sie sein sollten bzw. wie andere Sie wahrnehmen sollten):

ästhetisch, zugewandt, charmant, erheiternd, elegant, natürlich, verspielt

Qualitäten (positive Auswirkung auf Ihr Karma und Ihre Vorhaben):

ritterlich, zart, tröstend, Frieden stiftend, romantisch, ausgleichend

Fähigkeiten (die vorhanden sein sollten oder zu entwickeln wären):

motivierend, aufopfernd, wacher Verstand, spontan, kreativ, kunstliebend

Blockierende Eigenschaften

Erscheinung (sofern andere Sie so wahrnehmen, sollten sie diese umwandeln):

gehässig, extravagant, maß- und grenzenlos, liederlich, pompös, reizbar, dramatisch, übertreibend

Qualitäten (negative Auswirkung auf Ihr Karma und Ihre Vorhaben):

habgierig, oberflächlich, untreu, eitel

Fähigkeiten (sofern noch vorhanden, am besten ablegen):

betrügerisch, manipulierend, geldgierig, faul

Gesellschaftliche Funktion:

Frauen, Ehefrau, Geliebte, Verlobte

Berufe, bzw. berufliche Positionen:

Künstler, Maler, Bildhauer, Musiker, Koch, Designer, Tanz, Visagist, Schneider, Schauspieler, Galerist

Farben:

Wollweiß, Pastellfarben, Neon-Farben, bunt

Förderliche Farbkombinationen:

Rot, Grün

Blockierende oder spannungsgeladene Farbkombinationen:

Schwarz, Dunkelblau

Wer gut zu Ihnen passt:

Mars: *Venus und Mars sind das Schlüssel-Schloss-Prinzip (oder umgekehrt). Da liegen Erotik, Anziehung, Sex und Leidenschaft in der Luft... Das Risiko liegt nur darin, dass Sie den Mars nicht dauerhaft für sich allein haben, denn er liebt das Erobern und die körperlichen "Formen" (der Weiblichkeit...)*

Mit wem Sie gemeinsam wachsen können:

Merkur: *Sofern Merkur nicht nur Ihren Geist beflügelt und auch mal schweigen kann, sondern auch den Worten Taten folgen lässt, bestehen gute Chancen, dass Sie ihm nicht nur die Freundschaft anbieten. Im Gegenzug erhofft er sich von Ihnen nicht mehr als Neugierde, Wissensdurst und dass Ihre Naivität idealerweise größtenteils nur gespielt ist...*

Wer Sie am meisten herausfordert:

Saturn: *Die optimistische, sinnliche, lebensbejahende, offene Venus und der pessimistische, depressive, ängstliche, zusammenziehende Saturn - nur selten gelingt es beiden Seiten gleichermaßen füreinander Toleranz zu entwickeln und in den Eigenschaften des anderen Chancen zu sehen, sich selbst weiter zu entwickeln und zu einer Verbesserung im Miteinander zu finden. Wie wäre es, wenn sich Venus vom Saturn vielleicht mal ein Scheibchen von seiner Sparsamkeit abschneidet.*

Samstag - / Saturn

♄ Persönlichkeitsanalyse

Saturn markiert das Ende der Woche des burmesischen und angelsächsischen Kalenders. Saturn steht in gewisser Weise für Begrenzung sowohl von außen nach innen als auch von innen nach außen. Saturn ist der Planet mit den Nebelringen. Seine Position ist zweifach belastend: erstens kann er sich ja im tiefsten Inneren nie sicher sein, ob es jemals noch eine Woche gibt. Das ist sehr ernst gemeint. Und dann kommt noch hinzu, dass alle Wochentage vor ihm für ihre Lebensinhalte einen enormen Kapitalbedarf hatten. Und als personifizierter Hüter der Finanzen kann ihm insbesondere nach den rauschenden Venus-Festen beim Blick auf die Finanzen angst und bange werden. Das heißt: selbst wenn es also nach dem Samstag wieder mit einer neuen Woche weitergeht, bleibt die Frage: Reicht das Geld?

Daher plagen den Samstagsgeborenen am häufigsten und intensivsten von allen Wochentagen Existenzängste und Zukunftssorgen. Da die Energie bekanntlich der Aufmerksamkeit folgt, finden Sie sich dann auch mit großer Wahrscheinlichkeit mindestens einmal im Leben in echten Finanznöten wieder – obwohl Sie an sich ja mit Geld sehr sorgfältig umgehen. Wenn Sie in einem Verein einen Kassenwart suchen, sollte er idealweise ein Samstagsgeborener sein. Er übertrifft in den meisten Fällen alle anderen an Zuverlässigkeit und Genauigkeit.

Es ist nicht wissenschaftlich erwiesen, aber Saturne könnten die Erfinder von Bilanzen und Statistiken sein. Sie versuchen jedoch auch im Privaten und Emotionalen die Grundlagen der ordnungsgemäßen Buchführung zugrunde zu legen. Jedoch, die Rechnung „wenn ich immer schön artig" bin, passiert mir nichts" geht nicht immer auf – die Lebensaufgaben arbeiten sich auch durch die Nebelringe durch… Und außerdem: „unauffällig sein" frustriert auf Dauer, weil wirklich kaum etwas oder immer nur dasselbe Dilemma passiert – warum wohl? Sie würden sich wirklich als Freund empfehlen, weil Sie alle anderen an Zuverlässigkeit und selbstverständlicher Hilfsbereitschaft übertreffen. Aber möchte man mit Freunden nicht auch mal Spaß haben, optimistisch und verrückt sein? Inwiefern ist dies mit ihrer asketischen, puristischen Lebenseinstellung vereinbar?

Eltern von Samstagskindern können sich zumindest in einem Punkt glücklich schätzen, der anderen Kummer bereitet: die Strebsamkeit, Genauigkeit und Ordnungssinn (bei Jungs eher nach „eigenen" Prinzipien). Wundern Sie sich nicht, wenn Ihr Saturnkind seinen Geschwistern nichts von seinem Taschengeld leiht oder ein hartnäckiges „Inkasso" betreibt, um seine Außenstände wieder reinzuholen – wenn es könnte auch noch mit Zinsen. Daher sollten kleine und junge Saturne früh lernen – dass es auch immaterielle Werte gibt, die sich durch nichts aufwiegen lassen. Vielleicht leben Sie ihm am besten caritatives Engagement selbst vor?

Karmisch-spirituelle Lebensaufgabe

Das Hauptrisiko des Saturns besteht darin, so zusammenziehend zu wirken, dass jegliche Weichheit, Wärme, Spontaneität unterbunden werden, dass die Kommunikation auf das Wesentliche beschränkt und Leidenschaft als reine Zeitverschwendung angesehen wird oder Liebe nach Plan zu erfolgen hat. Ihre Hauptaufgabe liegt also in der Entfesselung und Selbstbefreiung Ihres Selbst. Meistern Sie Ihre Ängste. Die Welt ist längst in einem unbeherrschbaren Chaos. Sie können also Ihren Masterplan getrost in der Schublade lassen – mit ihm werden Sie es nicht schaffen, sich oder die Welt zu retten.

Schaffen Sie sich trotz aller Dienstbarkeit und Gewissenhaftigkeit persönliche Freiräume, die Sie mit Kreativität und der wärmenden Fürsorge und emotionaler Anteilnahme für die Gefühle Ihrer Liebsten füllen. Legen Sie Ihr Bewusstsein stärker darauf, dass Sie Ihr Inneres klar nach außen kommunizieren und lassen Sie auch mal – vermeintlich emotional Bedrohliches wenigstens etwas näher an sich heran als sonst. Diese Erfahrungen bergen neben Chancen und Risiken vor allem die Möglichkeit zu wachsen und die Angst zu besiegen. Das tut auch der eigenen Seele gut !

Wie Sie das Saturn-Karma bewältigen:

Kultivieren Sie Ihre persönliche Freiheit, fördern Sie Ihre Unabhängigkeit, Risikofreude und Freigebigkeit. Vertrauen Sie auf das Prinzip der Göttlichen Ordnung, das primär aus Licht und Liebe besteht – und aus dem letztendlich auch Sie entstanden sind und zu dem Sie vermutlich auch wieder werden, wenn Sie nicht mehr sind.

Förderliche Charaktermerkmale

Erscheinung (wie Sie sein sollten bzw. wie andere Sie wahrnehmen sollten):

unnahbar, asketisch, vorsichtig, pflichtbewusst, ausdauernd, gehemmt, ernst, skeptisch

Qualitäten (positive Auswirkung auf Ihr Karma und Ihre Vorhaben):

konservativ, loyal, geduldig, bevorzugt Anonymität, zuverlässig, verantwortungsbewusst, aufrichtig, beständig, traditionsbewusst

Fähigkeiten (die vorhanden sein sollten oder zu entwickeln wären):

gründlich, disziplinierte Arbeitsweise, Organisationstalent, harter Arbeiter, Gabe zum Strukturieren, starke Willenskraft

Blockierende Eigenschaften

Erscheinung (sofern andere Sie so wahrnehmen, sollten sie diese umwandeln):

Angst vor Neuem, besorgt, fatalistisch, materialistisch, pessimistisch, stur und starr, humorlos

Qualitäten (negative Auswirkung auf Ihr Karma und Ihre Vorhaben):

unzufrieden mit jedem, einschließlich selbst, engstirnig, egoistisch, störrisch, misstrauisch, furchtsam

Fähigkeiten (sofern noch vorhanden, am besten ablegen):

kritiksüchtig, geizig, arbeitssüchtig, ignorant, zwanghaft, obrigkeitshörig, unselbständig, entscheidungsunfähig

Gesellschaftliche Funktion:

Diener, Untergebener, Beamter

Berufe, bzw. berufliche Positionen:

Buchhalter, Steuerberater, Verwalter, Assistent, Helfer, Dienstpersonal, Konstrukteur

Farben:

Schwarz, Dunkelblau

Förderliche Farbkombinationen:

Orange, Erdfarben

Blockierende oder spannungsgeladene Farbkombinationen:

Wollweiß, Pastellfarben, Neon-Farben, bunt

Wer gut zu Ihnen passt:

Sonne: *Wenn Sie einer Sonne begegnen, ist die Rollenverteilung schnell klar: Sie sind der Diener - und somit in Ihrem Element. Die Entscheidungen trifft die Sonne. Wieder eine Sorge weniger für Sie. Sie revanchieren sich mit zuverlässiger, pünktlicher Arbeitsweise. Lob oder Anerkennung der Sonne wäre sicherlich etwas, das Licht in Ihren pessimistischen Alltag bringen würde. Doch es würde Sie nur skeptisch machen. Wie gut, das Sonnen (z.B. Chefs) von Natur aus vor allem dann sparsam sind, wenn es um Lob geht.*

Mit wem Sie gemeinsam wachsen können:

Rahu: *Mit Rahus verbindet Sie Ihr eigener Hang zum Dunklen, Unnahbaren und Mysteriösen, das der Rahu häufig in ungeahnter Perfektion leben kann. Und Perfektion ist ja nun auch eine Ihrer Stärken. Allerdings teilen Sie den Drang zu Erneuerung und Experimenten der Rahus so gut wie gar nicht.*

Wer Sie am meisten herausfordert:

Venus: *Die liebreizende Venus ist für Sie ein rotes Tuch, egal in welcher Form sie sich Ihnen nähert - schließlich kämen Sie selbst schon gar nicht auf die Idee ihre Nähe zu suchen... Kommt sie als flirtende Versuchung in Ihren Wahrnehmungskreis, blasen Sie Ihre Schutz- und Nebelringe auf, um ihr nicht zu erliegen. Begegnet sie Ihnen in Form von Kreativität, Frohsinn, Farbenfreude und Optimismus reagieren Sie auf diese vermeintliche "Bedrohung" mit Herabwürdigung oder Sarkasmus. Dabei könnte sie Ihnen zu mehr Selbstbewusstsein und Unabhängigkeit verhelfen. Doch dafür wären Sie allenfalls dann bereit, wenn Sie ein beglückendes Gefühl bei der Vorstellung ereilen würden, wer Sie sein könnten - ohne Ihre Ängste vor ihr und ihren Tugenden...*

Das MaHaBote Geburtsjahr - welche Kräfte auf Ihr Karma einwirken

Egal ob Tierkreiszeichen oder Wochentage - es wirken dieselben prägenden inneren und äußeren Kräfte und reflektieren somit die Persönlichkeitsbildung und Charakterentwicklung: persönliche Anlagen, das Elternhaus, Eltern, Geschwister, Lehrer, Kollegen, Chefs etc.

Das Besondere am MaHaBote ist jedoch, dass es - auf bisher unerklärliche Art und Weise – mit so wenig Aufwand so exakt für jeden leicht nachvollziehbar seine komplexe Persönlichkeit, sein Verhältnis zu den Mitmenschen, seine Motive, seine vorherrschenden Denk- und Handlungsmuster sowie Stärken und Schwächen abbildet.

Auch, wenn andere Quellen von einem MaHaBote-Horoskop sprechen, tendiere ich dazu, es als Karma-Chart zu bezeichnen. Denn als Karma-Chart betrachtet deckt das MaHaBote-Horoskop die Quellen schwierigen Karmas und negativer Energien auf und ist gleichzeitig eine Quelle des Wissens und der Weisheit, wie wir die Ursachen blockierender Handlungen durch Ändern unseres Denkens, Sprechens und Tuns beseitigen bzw. zum positiven umwandeln (transformieren) können.

Das MaHaBote-Horoskop ist also eher ein Diagramm, das die Kräfte darstellt, die auf das Karma wirken.

Lernen Sie nun, wie Sie Ihr MaHaBote Karma-Chart mit einem bisschen Übung – ohne Software – in Minutenschnelle selbst erstellen können. Entschlüsseln Sie somit die umfassenderen Kräfte, die Ihr Karma verursachen – und wie Sie diese zu Ihrem Vorteil umlenken können.

Um die volle Aufmerksamkeit des Lesers zu erhalten, stellen wir die Theorie vor die Praxis. Der Leser soll dann später bei der Erstellung seines Karma-Charts wissen, was die einzelnen Häuser bedeuten, wenn er sie mit Leben (d.h. den Planeten) füllt.

Um das Verständnis für das Karma-Chart zu vereinfachen und einen schnellen Einstieg in die Philosophie zu ermöglichen, hier nun der Test oder Beweis, wie schnell auch Sie das System begreifen:

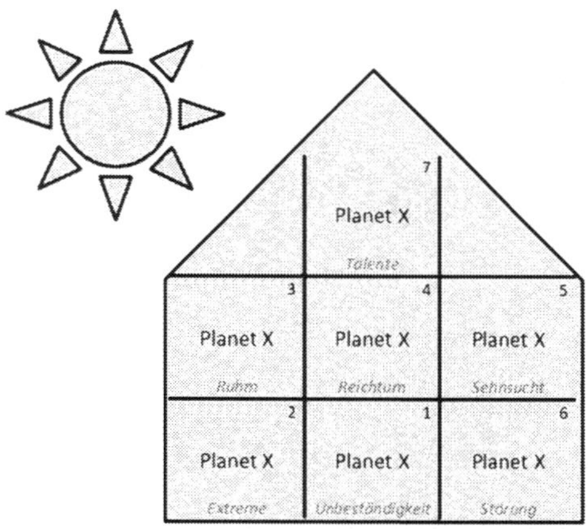

Schauen Sie sich die Abbildung genau an.

Davon ausgehend, dass es sich um ein sonnenbeschienenes Wohnhaus handelt , nun die „Preisfrage“:

Welches Kästchen (Zimmer) des Hauses ist am weitesten von den Sonnenstrahlen entfernt?

Korrekte Antwort: Kästchen Nr. 6, Haus der Störung

Sie sehen also, wie einfach, intuitiv das Karma-Chart zu verstehen ist. Somit sind die Themen des Planeten, der gemäß Ihres Geburtsjahres im Haus Nr. 6 platziert ist – im Vergleich zum Haus Nr. 7 („Talente“) – unterbelichtet, schattig, weniger „erleuchtet“, weniger kraftvoll. Die "Schattenseiten" des Planeten, der in diesem Haus platziert ist, haben also ein leichtes Spiel, sich zu entfalten.

Noch einfacher zu verstehen, ist das Karma-Chart, wenn das Haus einen Eingang am oberen Ende der Treppe bekommt:

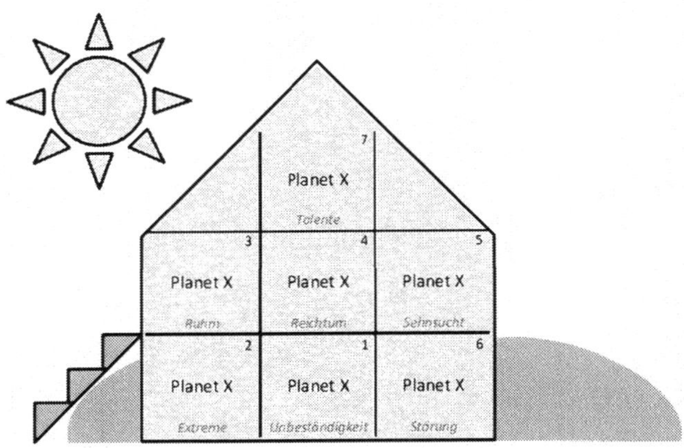

Die Häuser 1 (Unbeständigkeit); 2 (Extreme) und 6 (Störung) bilden den „Keller“. Darüber liegt mit den Häusern 3 (Ruhm), 4 (Reichtum) und 5 (Sehnsucht) das Wohngeschoss. Über allem thront das „Penthouse“, Haus Nr. 7 (Talente).

Schon die Häusertitel in der unteren Reihe geben über die Qualitäten der Themen, die dort positioniert sein werden, Auskunft. Neben der Aufgabe, bewusst(er) die förderlichen, positiven Eigenschaften des Geburtsplaneten (Herrscher des Geburtswochentags) zu pflegen und zu entwickeln, geben die Themen der „Keller-Kästchen" über die dunkleren Kräfte aus, die das individuelle Karma bestimmen.

Betrachtung des Karma-Charts als Ganzes

Das Wichtigste ist und bleibt der Geburtsplanet. Erst, wenn Sie diesen zweifelsfrei ermittelt und sich auf ihn eingelassen haben – oder demjenigen Zeit gegeben haben, ihn zu verstehen und sich mit seinen Energien „anzufreunden", wird das Karma-Chart erstellt.

Die einzelnen Häuser werden im folgenden Kapitel detailliert erörtert. Egal, ob Sie für sich selbst oder einen anderen das Karma-Chart erstellen - es ist aufgrund seiner frappierenden Treffsicherheit eine sehr, sehr private Angelegenheit. Wenn Sie selbst erste Erfahrungen mit ihrem eigenen Chart oder der Deutung durch einen erfahrenen MaHaBote-Astrologen gesammelt haben, werden Sie wissen, wovon ich rede. Mit dem Geburtsdatum liegt das Innerste eines Menschen auf einen Blick für Sie offen dar. Ihr Gegenüber ist noch völlig ahnungslos, während sich Ihnen vielleicht Dinge, die er vor anderen und auch vor sich selbst versteckt oder verleugnet hat, nun schon offenbaren.

Die Deutung eines MaHaBote Horoskops kann zuweilen für den anderen eine hoch emotionale Angelegenheit werden. Anders, als man es von Kartenlegen-Sessions oder klassischen Horoskop-Deutungen kennt. Noch Jahre nach ihrer ersten Deutung durch mich berichten Klienten von ihrer damals spürbaren Wut, die sie gegen mich hatten, nachdem ich die Ursachen für ihr Thema (Karma) - vielleicht etwas zu schonungslos - offengelegt hatte. Auch spontanes Aufsteigen von Tränen beim Gegenüber gehört fast zum Alltag der Deutung eines MaHaBote Karma-Charts.

Gehen Sie auch davon aus, wenn sie das Karma-Chart für andere erstellen und deuten, dass der Satz "das war nicht das, was ich / er / sie hören wollte" zu einem ständigen Begleiter werden könnte. Rechnen Sie auch damit, dass Sie möglicherweise von diesem Menschen nie mehr etwas hören werden. In diesem Fall war es Ihre einzige Aufgabe, den Spiegel vorzuhalten. Ob und wie derjenige dann daran arbeitet, sein Spiegelbild so zu verändern, dass ihm eines Tages das was er sieht besser gefällt, bleibt dann seine eigene Angelegenheit.

Das Karma-Chart kommt mit der Treffsicherheit einer mathematischen Formel daher. Die Formel sind die Häuser, die Planeten, die sich je nach Geburtsjahr darauf verteilen, und ihr Verhältnis zueinander sind die Variablen.

Mit der Erfahrung aus über tausend Deutungen verschwanden die Zweifel an meinen eigenen Deutungsfähigkeiten fast völlig. Das ehrfürchtige Staunen über die treffsichere Aussagekraft von sieben einfachen Quadranten ereilt mich jedoch mit nahezu jeder weiteren Deutung.

Das MaHaBote Horoskop kann man auch als Haus betrachten, in dem die Seele wohnt. Daher stellt sich sowohl bei der Erstellung des Horoskops für einen selbst oder aber auch für jemand anderes die Frage:

„Treffer-versenkt“ oder: wie findet man einen Deutungsansatz, ohne gleich mit der Tür ins (Seelen-)Haus zu fallen?

Der „sensibelste“ Bereich des Hauses liegt auf der rechten Seite (Haus 5, Sehnsüchte und Haus 6, Störung), vergleichbar mit dem Schlafzimmer und der Rumpelkammer. Da lässt man „normale“ Gäste ja auch nicht so ohne weiteres hinein. Daher ist es ratsam, durch vorgeschaltete Deutungsschritte Vertrauen und Sicherheit des Klienten aufgebaut zu haben, dass er sich auch für die „privateren“ Themen öffnet und für die Empfehlungen zugänglich ist.

Daher wir nähern uns der Person von außen nach innen.

1. Die Außenwirkung

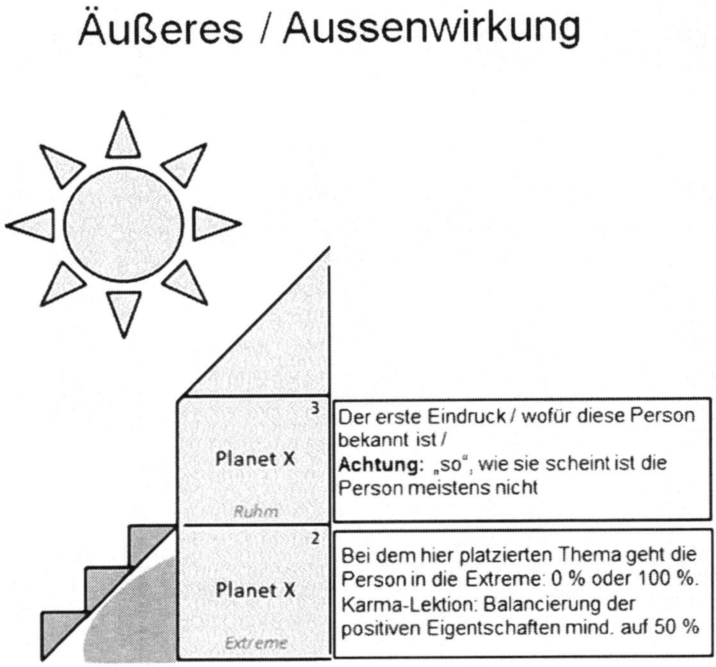

Schauen wir uns die Grafik mit der Sonne und den Treppen an: Das Haus des Ruhmes (3) ist quasi die Eingangshalle, der Flur oder die Diele.

In meinen MaHaBote-„Readings" wähle ich immer die Geschichte vom ersten Kennenlernen auf einer Veranstaltung, z.B. einer Party.

Das Haus des Ruhmes, ist das, was man im Allgemeinen als „den ersten Eindruck" bezeichnen würde. Themen, Merkmale und Eigenschaften des Planeten, der hier platziert ist, „springen" einen bei einer neuen Bekanntschaft zuerst an – egal ob positiv oder negativ.

Dabei ist diese Wertung äußerst subjektiv, denn wer beispielsweise „von Natur aus“ sanftmütige Wesen liebt, wird eine feurig-prahlerische Person zunächst wenig anziehend oder unterhaltsam finden. Wer selbst gern (von sich) redet, wird eine Person, die ebenfalls "das Wort im Knopfloch" (d.h. im Außen) trägt, wenig sympathisch finden...

Zurück zum Haus des Ruhmes. Stellen Sie sich vor: auf der Party sind Fotos gemacht worden. Sie kommen nach Hause und wollen jemandem, der nicht auf dieser Party war, eine Person, die Sie neu kennengelernt haben, beschreiben und ihm auf die Frage antworten:“ Wie ist er denn so?“ Dann werden Sie – auch ohne das MaHaBote zu kennen – am ehesten die Eigenschaft beschreiben, die bei dem Betreffenden im Haus des Ruhmes platziert ist. Irrtümlich meinen wir dann häufig, dieser Mensch ***ist*** so, wie eben diese Eigenschaft, die wir zuerst wahrgenommen haben. Dem ist jedoch in den seltensten Fällen so. Ausnahmen sind möglicherweise diejenigen, die ihren Geburtsplaneten im Haus des Ruhmes platziert haben.

Gestützt wird dieser erste Eindruck dann meistens noch von dem darunter liegenden Haus der Extreme (2). Doch hier hängt es ein bisschen von der Tagesverfassung und anderer beeinflussender Faktoren ab, wie Sie bei der ersten Begegnung die Energien aus diesem Haus der betreffenden Person wahr- und aufnehmen. Denn mit dem Haus der Extreme ist das so eine Sache: gemäß des Mottos „Ganz oder gar nicht“ , kann eine Person, die Sie als objektiven Verstandesmensch charakterisieren würden, am nächsten Tag genau diese Eigenschaft „zuhause vergessen haben“. Sie ist dann schlichtweg nicht vorhanden.

2. Der Wesenskern

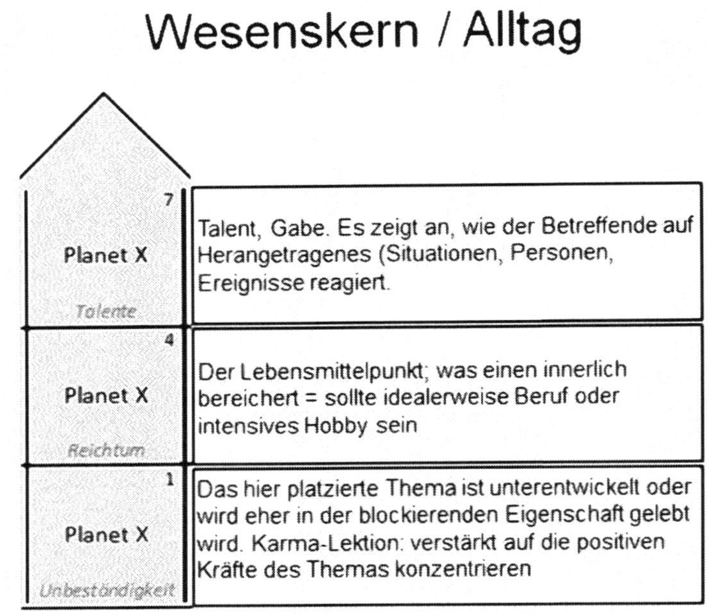

Wir verlassen den Eingangsbereich, die Diele des Hauses. Der Gastgeber bittet uns hinein in seinen Wohnbereich. In unserer Geschichte gehen wir davon aus, dass er das Haus „allein“ bewohnt. Denn in Häusern, die von mehreren Personen bewohnt und Lebensbereiche miteinander geteilt werden, vermischen sich natürlich die unterschiedlichen Persönlichkeiten und Energien.

Um in der Geschichte des Kennenlernens zu bleiben: Sie haben der Person so gut gefallen, dass Sie von ihr nach Hause eingeladen werden. Sie betreten das Haus und werden nun in den Wohnbereich herein gebeten. Das Haus Nr. 4 (Reichtum) ist so etwas, wie das Wohnzimmer. Hier sind wir im Zentrum des Hauses und erfahren, was diese Person

„innerlich bereichert". Dazu könnte beispielsweise der Beruf gehören – im Idealfall. Wenn es nicht der Beruf ist, dann auf jeden Fall ein ausgeprägtes Hobby zum Ausgleich.

Wenn Sie bei einem Kaffee oder einer Tasse Tee tiefer ins Gespräch mit dieser neuen Bekanntschaft kommen, erfahren Sie vielleicht auch, worin seine oder ihre Talente (Haus Nr. 7) liegen könnten, auch wenn ihm selbst diese gar nicht so bewusst sind.

Und wenn Sie häufiger Kontakt mit der Person haben, werden Sie herausfinden, in welchem Bereich sie eher „unbeständig" ist (Haus Nr. 1). Hierzu könnten beispielsweise Pünktlichkeit oder Zuverlässigkeit zählen oder sein Verhältnis zu Frauen, zum Vater oder zur Mutter - je nachdem, welcher Planet in diesem Haus platziert ist.

Innerstes

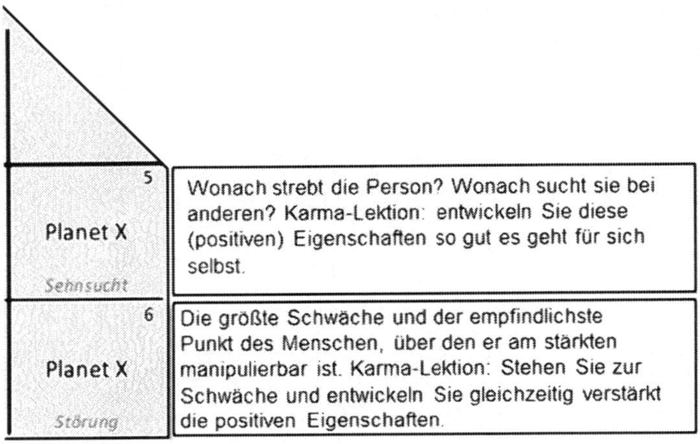

Das Innerste eines Menschen offenbart sich uns häufig erst nach längerer Zeit oder beispielsweise, wenn wir mit demjenigen eine Freundschaft aufgebaut haben oder eine Partnerschaft eingehen. Eigentlich wäre – um im Bild des Hauses zu bleiben, Haus Nr. 5 das Schlafzimmer und Haus Nr. 6 der Kohlen-Keller, die Rumpelkammer.

Der Planet, der sich im fünften Haus befindet, repräsentiert die Sehnsüchte und Ideale des Betreffenden. Er beantwortet die Frage, wonach die Person strebt, welche Eigenschaften sie an anderen bewundert.

Hingegen offenbart Haus Nr. 6 die größte Schwäche der Person durch den Planeten, der dort platziert ist. Ab diesem Punkt ist also ein Höchstmaß an Vertrauen angesagt, denn dieses „Wissen" – egal ob durch MaHaBote oder (nur) gute Beobachtungsgabe – öffnet möglichen Manipulationen (ähnlich wie schon Haus Nr. 5) durch andere Tür und Tor.

Um Sie nicht länger auf die Folter zu spannen, kommen wir im nächsten Kapitel nun zur Anleitung, wie Sie für jeden, dessen Geburtsdatum Sie kennen, ein MaHaBote Karma-Chart erstellen können.

Erstellung des MaHaBote Karma-Charts

Der Weg zum MaHaBote Karma-Chart ist sehr einfach, und vermutlich genau das, macht es so schwierig für manche. Daher meine Bitte: Konzentrieren Sie sich, folgen Sie strikt der Anleitung. Lassen Sie alles, was Sie bisher kennen und wissen oder glauben, für ein paar Minuten außer Acht. UND: verwenden Sie keinen Taschenrechner!!! Holen Sie sich jetzt ein unbenutztes Papier und einen Stift.

Zunächst folgen Sie meinem Beispiel. Dann erhalten Sie zwei weitere Geburtsdaten zur eigenen Erstellung mit Auflösung. Wenn Sie diese richtig haben, werden Sie vermutlich süchtig nach Geburtsdaten...

Notieren Sie immer, BEVOR Sie mit dem Rechnen beginnen, oben rechts auf dem idealerweise unbenutzten Papier den Namen des Betreffenden (Vorname genügt), das Geburtsdatum und schreiben Sie sich den Wochentag bzw. den entsprechenden Planeten darunter.

Bevor Sie mit der Erstellung des Horoskops beginnen, haben Sie immer schon den Geburtswochentag ermittelt! Immer! Und Immer zuerst. Natürlich kommt man anders – schlimmstenfalls auch mit der MaHaBote2012-App - zum Ziel. Aber der meditative Aspekt, das „sich-Einlassen" auf die Energien, die Konzentration erreicht man nur über diesen Weg. Nach ca. tausend MaHaBote-Horoskopen, die ich in meinem Leben erstellt habe, gehe ich immer noch diesen Weg. Und von Anfang an war es so, dass sobald ich den Namen und das Geburtsdatum notiert und dann den Geburtswochentag ermittelte, mir „automatisch" die Frage, dann in den Sinn kam, ob derjenige möglicherweise VOR Sonnenaufgang geboren sein könnte. Das ist vor allem in den Fällen hilfreich, wo Sie das Horoskop für jemanden erstellen, der in dem Gespräch nicht persönlich zugegen ist. Im vorliegenden Beispiel erfahren Sie den Namen später...

Zu berücksichtigen ist, dass das Burmesische Jahr Mitte April wechselt. Um es beim Rechnen einfacher zu haben, nimmt man zunächst den 15. April als Stichtag. Alle Geburtsdaten, die im laufenden westlichen Jahr bis zum 15. April einschließlich datieren, zählen zum „alten“ burmesischen Jahr. Ab dem 16. April wählt man das „aktuelle“ Jahr. Jedoch: die Jahreszählung fing bei den Burmesen erst im Jahre 639 n. Chr. an.

Für Geburtstage, die VOR oder AM 15. April datieren, zieht man 639 ab. Diese Differenz ergibt sich aus der abweichenden Jahreszählung der Burmesen. Diese orientieren sich nicht wie wir an der Geburt Jesu. Wer sich mit anderen Kulturen und Religionen auskennt, wird wissen, dass beispielsweise die Araber innerhalb ihrer Kultur auch eine andere Jahreszählung haben, ebenso wie die Chinesen, die zudem ja auch ein von unserem Sylvester terminlich abweichenden Neujahrsfest feiern (zwischen 21. Januar und dem 21. Februar).

Zurück zum MaHaBote, bei dem wie heute noch in Burma der Jahreswechsel Mitte April stattfindet.. Hier sind also zwei Besonderheiten zu beachten:

1. "Korrektur" der eigenen Jahreszahl durch Abzug von 639 bzw. 638
2. Liegt der Geburtstag VOR oder AM 15.04. - dann sind 639 von der eigenen Jahreszahl abzuziehen; liegt der Geburtstag nach dem 15.04., dann sind 638 von der Jahreszahl abzuziehen
3. Erst der verbleibende Rest nach dieser Subtraktion wird dann durch 7 geteilt.

Hier nun die einzelnen Schritte zum MaHaBote-"Horoskop"

Geburtsdatum: 23.07.1934, Wochentag: Montag (Mond)

Schritt 1 - Berechnung:

Geburtstag VOR oder AM 15. April? NEIN! Der Geburtstag liegt eindeutig NACH dem 15. April, daher wird von der Zahl 638 (!) von 1934 in Abzug gebracht.

	1.934
-	638
	1.296

Das Ergebnis (hier: 1296) wird dann – ohne Taschenrechner! – so lange durch 7 geteilt, bis ein Rest übrig bleibt, der kleiner als 7 ist

```
  1 9 3 4
-   6 3 8
---------
  1 2 9 6 :  7 = 1 8 5
    7
    -
    5 9
    5 6
    ---
      3 6
      3 5
      ---
        1  ⟸  Rest!
```

Hinweis: Rest "0" entspricht ebenfalls Saturn.

Schritt 2 - Zeichnung

Zeichnen Sie nun auf das leere Blatt vor Ihnen das MaHa-Bote-Gitter. Für den Anfang können Sie sich noch die Hausnummern notieren. Diese Nummern helfen Ihnen bei der Einhaltung der Reihenfolge der Platzierung der Planeten in die Häuser, ausgehend vom Rest, den Sie in Schritt 1 ermittelt haben.

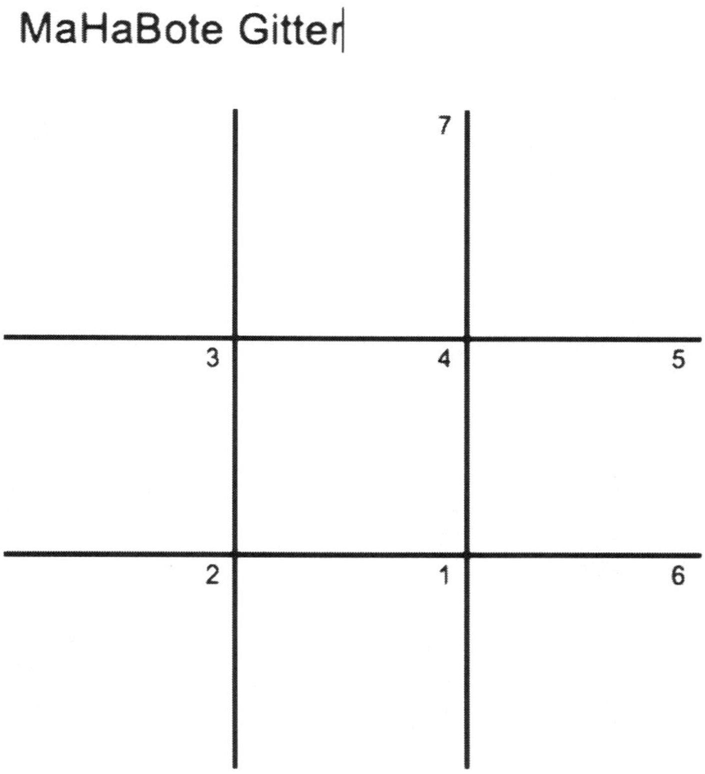

Ob Sie nun bei der Befüllung (Schritt 3) für den Anfang den Planeten ausschreiben oder gleich das Symbol verwenden, bleibt Ihnen überlassen. Die meisten meiner Schüler wechseln noch während der ersten Seminarstunden zu den Symbolen über und stellen fest, dass es „leichter" geht und das Horoskop sich „flüssiger" lesen lässt.

Sind Sie soweit?

Schritt 3 - Befüllung der Häuser

Wir beginnen IMMER mit der Befüllung des mittlere Hauses in der untersten Reihe, Haus Nr. 1, „Unbeständigkeit". In dieses Haus setzen Sie IMMER den Planeten, der dem REST entspricht, den Sie mit der Teilung durch die Zahl 7 errechnet haben.

Jedes weitere Haus wird entsprechend in der Reihenfolge der Nummerierung mit dem drittnächsten Planeten befüllt, der auf den jeweils vorangegangenen folgt.

Dazu machen wir anhand der folgenden Tabelle eine Übung:

Rest	Wochentag	Planet	Symbol
1	Sonntag	Sonne	☉
2	Montag	Mond	☽
3	Dienstag	Mars	♂
4	Mittwoch	Merkur	☿
5	Donnerstag	Jupiter	♃
6	Freitag	Venus	♀
7 / 0	Samstag	Saturn	♄

Tabelle mit dem Rest

Übung:

Wie lautet die Reihenfolge der Planeten bei einem errechneten Rest von 1?

Wir beginnen mit der Sonne und zählen drei Planeten weiter, ohne den aktuellen Planeten mitzuzählen. Folglich folgt auf die Sonne Merkur. Wiederum drei weiter ergibt Saturn, wiederum drei weiter ergibt Mars, wiederum drei weiter ergibt Venus, wiederum drei weiter ergibt Mond, wiederum drei weiter ergibt Jupiter – fertig.

Die Reihenfolge der Planeten ist IMMER die gleiche. Sie beginnt nur – je nach Rest- eben anders. Hier die Reihenfolge im Überblick:

- Sonne
- Merkur
- Saturn
- Mars
- Venus
- Mond
- Jupiter

Weil es so viel Spaß gemacht hat, gleich noch eine weitere Übung: Zeichnen Sie sich das MaHaBote Gitter auf ein Blatt Papier und nummerieren Sie die Häuser wie in der Vorlage. Und nun wir jetzt einfach mal an, Sie hätten Rest 4 errechnet.

Mit welchem Planeten starten Sie also im Haus 1? Richtig: Merkur. Jetzt machen Sie selbst weiter ... und verraten mir, welchen Planeten Sie im Haus 5 platzieren und welchen in Haus 7?

_______________ korrekt: Mond

_______________ korrekt: Sonne

Nun aber zurück zu unserem konkreten Fall mit dem Rest 1 – befüllen wir nun die Häuser im Einzelnen, Schritt für Schritt gemeinsam:

Befüllung des ersten Hauses (1, Unbeständigkeit)

	7 *Talente*	
3 *Ruhm*	4 *Reichtum*	5 *Sehnsucht*
2 *Extreme*	1 Sonne *Unbeständigkeit*	6 *Störung*

Jetzt geht's weiter mit den übrigen Häuser in ihrer Reihenfolge mit den weiteren Planeten, indem wir uns in der Woche immer drei Tage weiter voran bewegen, den Planeten, den wir zuletzt ermittelt und platziert haben, nicht mit gezählt.

Befüllung des dritten Hauses (3, Ruhm)

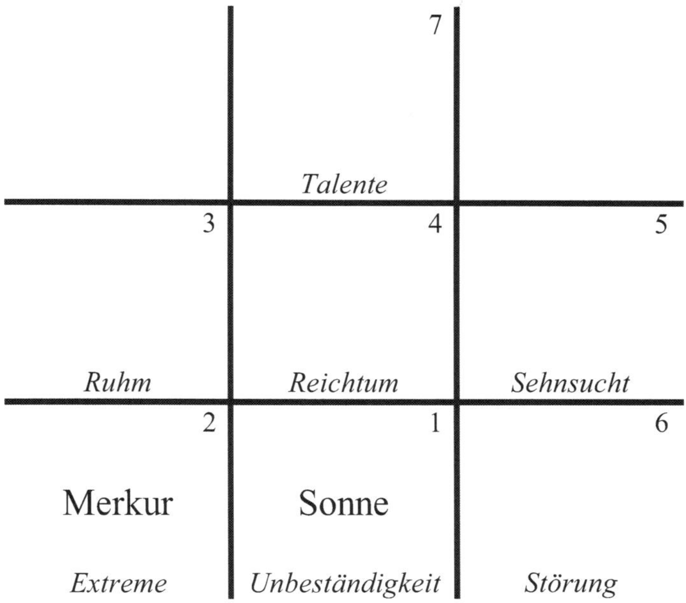

Befüllung des dritten Hauses (3, Ruhm)

	7 *Talente*	
3 Saturn *Ruhm*	4 Mars *Reichtum*	5 *Sehnsucht*
2 Merkur *Extreme*	1 Sonne *Unbeständigkeit*	6 *Störung*

Befüllung des fünften Hauses (5, Sehnsucht)

	7 *Talente*	
3 Saturn *Ruhm*	4 Mars *Reichtum*	5 Venus *Sehnsucht*
2 Merkur *Extreme*	1 Sonne *Unbeständigkeit*	6 *Störung*

Befüllung des sechsten Hauses (6, Störung)

	7 *Talente*	
3 Saturn *Ruhm*	4 Mars *Reichtum*	5 Venus *Sehnsucht*
2 Merkur *Extreme*	1 Sonne *Unbeständigkeit*	6 Mond *Störung*

Befüllung des siebten Hauses (7, Talente)

	7 Jupiter *Talente*	
3 Saturn *Ruhm*	4 Mars *Reichtum*	5 Venus *Sehnsucht*
2 Merkur *Extreme*	1 Sonne *Unbeständigkeit*	6 Mond *Störung*

Schritt 4 - und wo ist der Geburtsplanet?

Der ermittelte Geburtsplanet bekommt ein Sternchen, in unserem Fall der Mond.

Prima. Jetzt haben wir es fast geschafft! Nun müssen Sie nur noch die „Freunde“ und „Feinde“ des Geburtsplaneten ermitteln und markieren.

Schritt 5 - In welchem Verhältnis steht der Geburtsplanet zu den übrigen Planeten?

Ohne Tabelle geht es hier leider nicht

<table>
<tr><th></th><th>Freund</th><th>Positiv</th><th>Feind</th><th>kritisch</th></tr>
<tr><td>Sonne</td><td>Jupiter</td><td>Saturn</td><td>Mars</td><td>Merkur</td></tr>
<tr><td>Mond</td><td>Merkur</td><td colspan="2">Jupiter</td><td>Mars</td></tr>
<tr><td>Mars</td><td>Venus</td><td>Rahu</td><td>Sonne</td><td>Mond</td></tr>
<tr><td>Merkur</td><td>Mond</td><td>Venus</td><td>Rahu</td><td>Sonne</td></tr>
<tr><td>Jupiter</td><td>Sonne</td><td colspan="2">Mond</td><td>Rahu</td></tr>
<tr><td>Venus</td><td>Mars</td><td>Merkur</td><td colspan="2">Saturn</td></tr>
<tr><td>Saturn</td><td>Rahu</td><td>Sonne</td><td colspan="2">Venus</td></tr>
<tr><td>Rahu</td><td>Saturn</td><td>Mars</td><td>Merkur</td><td>Jupiter</td></tr>
</table>

Tabelle Freund / Feind

Ergebnis:

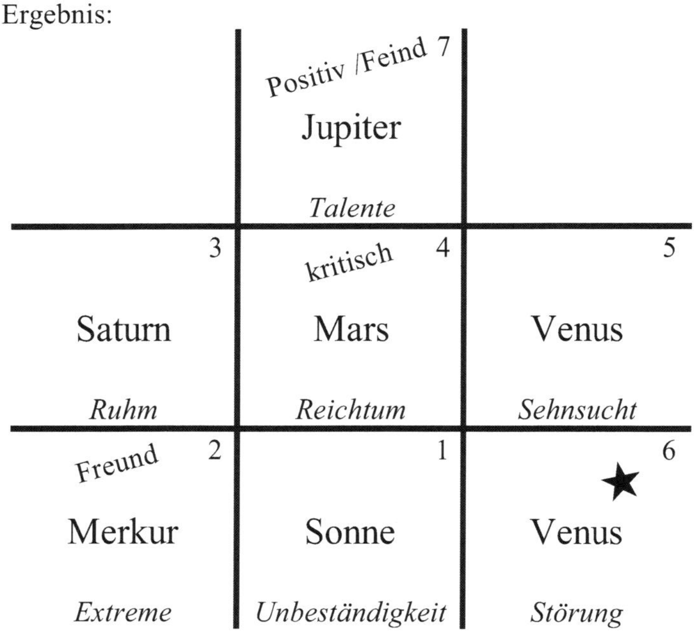

Schritt 6 - Ergebnis:

Der Planet, der im Zentrum des Gebildes, also im Haus Nr. 4, dem Haus des Reichtums steht, gibt dem Jahr den Namen.

Somit handelt es sich um einen ***Mond (Geburtswochentag / Planet) im Marsjahr*** (Mars ist der Planet, der im Zentrum steht, im Haus des Reichtums).

Sie haben soeben das Horoskop von Barbara Cameron († 1987) erstellt. Barbara Cameron brachte das MaHaBote in den frühen 80er Jahren nach einem längeren Aufenthalt in Burma erstmals in die westliche Welt (Amerika). Sie starb mit 53 Jahren an Krebs. Zuvor hat sie jedoch ihr Wissen über das MaHaBote und weitere östliche Astrologie-Systeme ihren Schülern vermacht, allen voran Sandy Crowther.

Barbara Cameron hatte übrigens das gleiche MaHaBote wie Elvis Presley.

Was es mit den Freunden, Feinden, positiv und kritisch auf sich hat, finden Sie jeweils in den Kapiteln des Karmas der Wochentage. Außerdem wird sich das Folgebuch zu diesem mit dem Inhalt „Beziehungen und Partnerschaft" noch gezielter mit den Freundschaften & Feindschaften beschäftigen.

Noch ein Hinweis zu den Mittwoch-Nachmittagsgeborenen (Rahu). Haben Sie Rahu als Geburtsplaneten ermittelt, ersetzen Sie im Horoskop Merkur durch Rahu. Und nur dann!

Hier nochmal die Grafik, in welcher Reihenfolge die Planeten in die Häuser gesetzt werden:

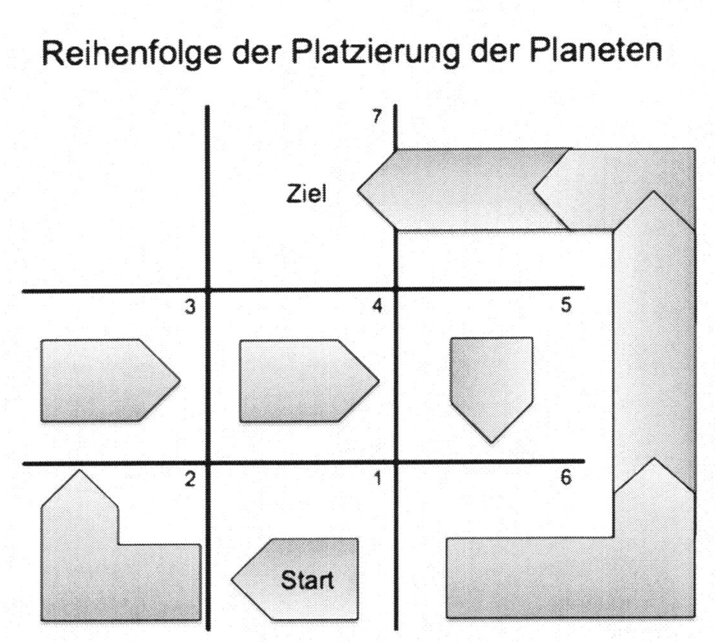

Reihenfolge Platzierung der Planeten beim Befüllen der Häuser

Im nächsten Kapitel geht es dann um die detaillierte Beschreibung der Häuser.

BEDEUTUNG DER SIEBEN MAHABOTE-HÄUSER

Die Bedeutung der Häuser ist in erster Linie zur Beurteilung der Leuchtkraft des Geburtsplaneten wichtig.

Wir haben im Vorkapitel erfahren, dass Planeten, die in den unteren Häusern 1, 2 und 6 positioniert sind, mehr proaktives Bewusstsein von uns erfordern, damit ihre positiven, förderlichen Energien zum Tragen kommen.

Das bedeutet jedoch nicht, dass jeder sich mit den Themen der Planeten aus den restlichen Häusern auf der „Sonnenseite" des Lebens bewegt.

Übersicht über die Energien der Häuser

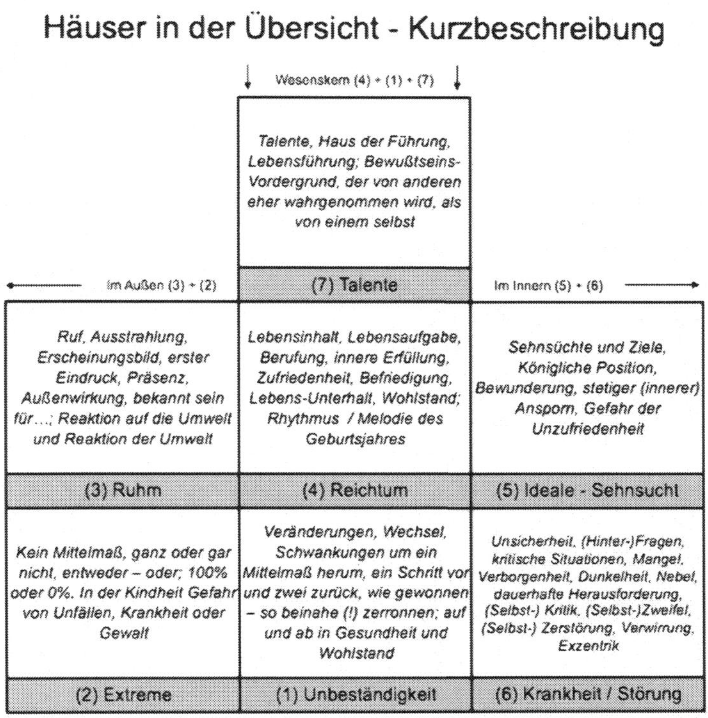

Haus Nr. 1 „Unbeständigkeit“

Stichwort des Hauses Nr. 1 ist „wechselhaft“. Egal welcher Planet in diesem Haus Platz nimmt, ist eine unzuverlässige Quelle für den Betreffenden. Das Risiko, das zu verlieren, was man zuvor erworben hat, ist groß. Dennoch wird man es mit einer gewissen Anstrengung immer wieder erlangen können. Es ist ein bisschen wie Ebbe und Flut. Natürlich kommt es dann immer noch darauf an, welcher Planet in dem Haus steht. Je veränderlicher der Planet ist, wie z.B. der Mond, desto „beweglicher“ sind die Energien und Themen und der Wechsel zwischen den Licht- und Schattenseiten.

Wenn der Geburtsplanet in diesem Haus steht:

Wechselhafte Gesundheit und wechselhafter Wohlstand; die Person ist impulsiv, macht, was sie für richtig hält, hat nervöse Tendenzen.

Platz für Notizen

Haus Nr. 2 „Extreme“

Das „Top oder Flopp“ – Haus.

Stichwort des Hauses Nr. 2 ist „entweder – oder“. Mittelmaß? Fehlanzeige. Das hier platzierte Thema ist in seinen Energien mal ganz oder mal gar nicht vorhanden. Es ist alles andere als durchschnittlich oder mittelmäßig. Es ist entweder da oder nicht – je nach „Laune“. Das Haus steht für Exzesse und Erneuerung, Anfang und Ende.

Wenn die hier positionierte Energie bewusst als positive Anlage entwickelt wird, kann es stärker wirken, als das Thema im Haus der Talente (7). Doch um sich auf das Thema verlassen zu können, bedarf es großer Anstrengungen. Sollten sich die hier platzierten Energien blockierend auf das Karma auswirken, kann es hilfreich sein, die förderlichen Aspekte des platzierten Planeten auf ein täglich zuverlässiges vorhandenes Durchschnittsniveau anzuheben. Ideal wären fünfzig Prozent, die jedoch erfahrungsgemäß schwer zu erreichen sind.

Allenfalls durch den mildernden Einfluss von Haus Nr. 3 (Ruhm) und Nr. 7 (Talente), können extreme Spitzen des Hauses der Extreme gekappt werden – allerdings nur, wenn die ensprechenden Planeten in einem förderlichen oder neutralen Verhältnis zueinander stehen.

Wenn der Geburtsplanet in diesem Haus steht:

Sollte hier der Geburtsplanet positioniert sein, könnten ernsthafte Krankheiten oder Schicksalsschläge im jungen Alter möglich sein.

Sollte hier Rahu als Geburtsplanet positioniert sein, verstärken die Kräfte des Hauses die ohnehin schon in die Extreme gehenden Energien des Rahu um ein Vielfaches.

Platz für Notizen

Haus Nr. 3, „Ruhm“

In erster Linie geht es im Haus Nr. 3 um den Ruf, welchen Ruf eine Person hat, seine Weisheit, den Must, Ehrgeiz, Beschäftigung oder Bildung. Dieses Haus verrät uns, wie der Betreffende von anderen wahrgenommen wird (erster Eindruck). Es können sich zwischen dem äußeren Erscheinungsbild und seinem inneren Selbst erhebliche Diskrepanzen auftun.

Wenn der Geburtsplanet in diesem Haus steht:

Wo sich die wenigsten Abweichungen ergeben, ist bei denjenigen, die ihren Geburtsplaneten gleich im Haus des Ruhmes platziert haben. Dennoch ist man auch bei diesen Zeitgenossen vor „Überraschungen“ nicht sicher, welche Qualitäten sie im Verborgenen bereithalten – angenehme wie herausfordernde.

The Burmese consider this House quite important. Even those who know little about Astrology will ask you,

“What is your birth planet and what is in your House of Fame?”

Barbara Cameron „MaHaBote – The Little Key“ 1981

Haus Nr. 4, „Reichtum"

Vorrangig geht es hier um das, was den Betreffenden innerlich bereichert, womit er zufrieden ist und was ihn zufrieden macht. Anders, als man bei der Bezeichnung meinen könnte, geht es beim Haus des Reichtums nicht um das Bankkonto oder die Vermögensverhältnisse. Zweifelsohne kann es sich natürlich positiv auf die finanziellen Verhältnisse auswirken, wenn man das, was man am liebsten macht, so gut macht, dass man damit erfolgreich ist.

Was bereichert das Leben des Betreffenden? Was hält sein Lebensgefüge zusammen, worauf gründet sie sich. Was ist die größte Quelle der Zufriedenheit für denjenigen? Im Idealfall macht man dieses Thema zum Beruf oder lebensfüllenden Hobby. Vor allem, wenn sich der Beruf darauf gründet und im Einklang mit dem Geburtsplaneten und den Idealen steht, ist das natürlich eine hervorragende Ausgangsposition, um damit auch seinen Lebensunterhalt zu verdienen.

Wenn der Geburtsplanet in diesem Haus steht:

Sollte der Geburtsplanet hier platziert sein, fällt es diesen mehrheitlich Menschen leichter, mit sich zufrieden zu sein, als anderen. Häufig gelingt es diesen Menschen auch am ehesten das, was sie zufrieden macht zum Beruf zu machen.

Sollte hier die Sonne als Geburtsplanet stehen, besteht das Risiko einer besonders egozentrischen Ausprägung und mangelnde Beweglichkeit oder Anpassungsfähigkeit.

HAUS NR. 5, „SEHNSÜCHTE“ / „IDEALE“

Im ursprünglichen Sinne:

> *(...) Lives like a King or attains high position, head of state, Institution or business etc.*
>
> *Barbara Cameron „MaHaBote – The Little Key“ 1981*

Diese Deutungsmöglichkeit trifft wirklich nur auf einen geringen Teil der allgemeinen Bevölkerung zu.

Daher beschränke ich mich darauf, dieses Haus in seiner Beschreibung der Sehnsüchte und Ideale des Betreffenden anzuschauen.

Denn es verrät es uns, die Ziele, die geheimen Sehnsüchte und Ideale des Betreffenden. Hierin liegt die Charaktereigenschaft, die derjenige für sich anstrebt oder an anderen verehrt. Auch wenn er sie nie in dem Umfang erreichen wird, den er anstrebt. Doch erstreben wird er sie in jedem Fall wollen.

Interessant ist dieses Haus in Bezug auf die Partnerschaftsanalyse. In der Praxis ist immer wieder zu beobachten, dass der eine beim anderen genau diese Eigenschaft aus dem Haus der Sehnsüchte sucht – und sich dann ausgerechnet in eine „Mogelpackung“ verliebt, nämlich jemanden, der diese Eigenschaft im Haus des Ruhmes oder vielleicht noch in den Extremen trägt, also „nur“ im Außen.

Wenn der Geburtsplanet in diesem Haus steht:

Menschen mit dem Geburtsplaneten in diesem Haus fällt es schwerer

- mit sich zufrieden zu sein
- sich von Menschen, die Ihre Ideale verkörpern oder ihre Sehnsüchte "befriedigen" abzugrenzen oder zu trennen, wenn es ratsam wäre

Platz für Notizen

Haus Nr. 6, „Störung“

Weil dieses Haus schwierig zu interpretieren ist, hilft vielleicht die Erinnerung daran, dass die hierauf treffenden Sonnenstrahlen am schwächsten sind, weil sie den längsten Weg zurück müssen, um hierhin zu kommen. Haus Nr. 6 ist so etwas wie der „blinde Fleck“, der tote Winkel. Das Thema oder die Eigenschaft, die hier platziert ist, ist natürlich vorhanden, aber man hat darauf nur eingeschränkten Zugriff. Es ist die größte Schwäche und die größte Angriffsfläche sowie – ebenfalls wie das Haus der Sehnsüchte – die Einladung für Manipulationen, das schlechte Gewissen.

Es kann einen Hinweis auf eine Anfälligkeit von geistiger, seelischer oder körperlicher Schwäche bzw. Krankheit liefern. In einigen Fällen deutet sie auf Ruhm außerhalb des eigenen Einzugsbereiches oder eine Ehe mit jemandem von weit her hin.

Wenn der Geburtsplanet in diesem Haus steht:

Jeder Planet, der hier positioniert ist, kann sich als Bremse und Blockierer für die persönliche Weiterentwicklung manifestieren (muss es aber nicht zwangsläufig).

Wenn hier jetzt auch noch der Geburtsplanet steht könnte man das mit einem Satz zusammenfassen: „Mein Karma, das bin ich!“ Das Risiko, hier an den eigenen Aufgaben „kaputt“ zu gehen ist extrem hoch. Insbesondere wenn es sich um Mond (Psyche), Mars (Auto-Aggression), Rahu (Süchte) , Saturn (Ängste, Zwänge) oder Sonne (Lebenskraft) als Geburtsplaneten an dieser Stelle handelt, besteht eine hohe Anfälligkeit oder Neigung auf eine verkürzte Lebensdauer, z.B. durch Krankheit, Unfall oder Selbstmord. Wobei sich Krankheit häufig auch die Folge fehlgeleiteter Energien (durch Denken und Handeln) darstellt. Und Selbsttötung kann auch eine Folge jahrelanger Selbstzerstörungspraktiken sein.

Die Liste berühmter Persönlichkeiten mit Geburtsplanet in sechs und zu frühem Ableben ist überdurchschnittlich lang und tragisch und macht auch vor meinem eigenen Bekanntenkreis nicht halt.

Nun wäre es riskant bei einer Deutung die Hände überm Kopf zusammen zuschlagen und demjenigen zu raten, zügig sein Testament zu machen, sich die Grabstätte herauszusuchen und die Grabpflege zu organisieren etc.

Wenn er sich nun schon damit beschäftigt könnte das seine Chance der Selbsterkenntnis sein und der ideale Augenblick, das Ruder herumzureißen. Doch diese Motivation muss aus dem Betreffenden selbst kommen. Allerdings liegt darin genau der „Hund begraben“, denn das Stärkste Motiv ist ja, das Karma zu leben – und nicht es zu besiegen.

Freunde oder berufliche Lebensberater sollten in diesem Fall eher weniger erwarten und noch weniger erwarten. Stattdessen können sie sich selbst in Toleranz und bedingungsloser, erwartungsfreier Liebe demjenigen gegenüber üben.

Und, dass man auch mit dem Geburtsplaneten in Haus Nr. 6 zu Ruhm und Geld bringen kann, zeigen Beispiele wie Nena, Hape Kerkeling oder auch Jürgen Klinsmann. Nena hat das Karma Jupiter-Karma vermutlich durch die Gründung ihrer Schule aufgenommen. Hape Kerkeling steht dazu, auch gelegentlich eine Auszeit zu brauchen. Bei den beiden scheint es mir so, als ob sie ihr Karma in Griff bekommen haben. Bei den Auf- und und Abs bei Klinsmann wäre ich mir da nicht so sicher…

Exkurs:

Was mir in meiner Beratungspraxis bisher zusätzlich noch am auffälligsten mit dem Haus Nr.6 war:

Wenn es sich um einen männlichen Horoskopeigner handelt, bei dem die Sonne im Haus Nr. 6 steht, deutet das auf eine schwerwiegende Störung des Verhältnisses zum Vater hin, bis hin zur Kontaktunterbindung oder frühen Verlust (Trennung oder Tod). Hier liegt die Wahrscheinlichkeit bei über neunzig Prozent. Tragische und traurige Schicksale, die sich dahinter verbergen und besonders betrüblich für jüngere Männer, denen selbst eines Tages die Vaterrolle bevorsteht. Aber auch für das Selbstbewusstsein als solches und das Verantwortungsbewusstsein des Betreffenden – Mann wie Frau – ist diese Sonnenposition eine hochgradige Herausforderung.

Wichtig ist hier die Aussöhnung mit dem Vater – das kann auch auf rein energetischer Ebene sein. Der Betreffende kann einen Brief an ihn schreiben, muss ihn aber nicht unbedingt abschicken. Wem es liegt, der kann es auch mit einer Familienaufstellung probieren. Wichtig ist, Groll, Wut oder Hass auf den Vater oder die Trauer (bei zu frühem Verlust) aufzulösen. Wenn es gelingt, das bisher vorherrschende Denk- und Handlungsmuster bezüglich des Vaters umzuwandeln, wird sich befreit fühlen, wie schon lange nicht mehr im Leben. Hier hilft auch die Vorgehensweise aus Byron Kathies Buch „Lieben, was ist!“ – auch nichts für

„Schattenparker", aber äußerst effektiv. (Hier spürte ich beim ersten Lesen dieses Buches eine Wahnsinns-Wut. Aber letztlich hat es mir mit meinen Themen, u.a. des Hauses 6, geholfen)

Für alle anderen Geburtsplaneten gilt, dass sie sich vermutlich schwerer tun, nach außen so darzustellen, wie sie es für sich empfingen oder die entsprechenden Energien nach außen zu tragen oder auf sie bzw. sich selbst aufmerksam zu machen.

Ausnahme: Rahu. Entweder er fristet tatsächlich sein Schattendasein oder geht in das andere Extrem, indem er fast schon zur Geltungssucht neigt - ohne es jedoch zu merken oder wahrhaben zu wollen.

Platz für Notizen

Haus Nr. 7 „Talente“

Haus Nr. 7 offenbart uns die stärkste Motivation des Betreffenden. Hierin liegen die Charaktermerkmale, die ihn antreiben. Hierin liegen seine größten Fähigkeiten, die für ihn so selbstverständlich sind, dass er sie selbst meist gar nicht sieht.

Das gilt natürlich nur für den Fall, dass der Herrscher dieses Hauses nicht in einem feindlichen oder kritischen Verhältnis zum Geburtsplaneten steht.

Wenn der Geburtsplanet in diesem Haus steht:

Ist der Geburtsplanet in Haus Nr. 7 platziert, liegt die größte Motivation desjenigen tatsächlich in seiner persönlichen Selbstverwirklichung. Sie haben die geringste „Bodenhaftung“. Der „Kontakt“ zum „Fußvolk“ ist nur eingeschränkt. Es ist wie ein Wolkenband, das sich unterhalb der Penthousewohnung im 50. Stockwerk eines Wolkenkratzers befindet. Geradeaus schauend bietet sich demjenigen eine atemberaubende Aussicht, aber was oder wer unterhalb der Wolkendecke ist, sieht er nicht und nimmt er auch nur eingeschränkt wahr.

Umgekehrt ist es natürlich ähnlich: diejenigen, die unterhalb der Wolkendecke sind, bekommen kaum Kontakt zu dem Betreffenden „dort oben“ und verstehen das, was von oben kommt auch kaum. Gleichzeitig fühlen sie sich möglicherweise auch noch dominiert oder minderwertig - auch wenn jeder selbst für sein Selbstwertgefühl selbst verantwortlich ist.

Doch „Bewohner des Penthouses“ sollten – sofern ihnen an sozialen Kontakten liegt – auch mal herunter kommen und mit dem Volk einen Spaziergang im Park unternehmen und sich mit ihnen bei selbst belegten Broten und Kaffee aus der Thermoskanne auf der Parkbank unterhalten.... (Hinweis: „Unterhaltung“ ist etwas anders als „Selbstdarstellung“ – und ich empfehle die Unterhaltung).

Platz für Notizen

DIE MAHABOTE JAHRE - DIE KARMA CHARTS DES MAHABOTE

Wie man das MaHaBote-Jahr berechnet und somit das MaHaBote Karma Chart erhält, haben wir im vorangegangenen Kapitel ausführlich besprochen.

Insgesamt ergeben sich bei acht Planeten und sieben Jahren sechsundfünfzig Jahrestypen oder Karma Charts.

Da es bereits ein deutsches Werk gibt, in dem diese Jahrestypen des MaHaBote dargestellt wurden, beschränkt sich dieses Buch auf den Überblick über die Jahre.

Darauf habe ich aus zwei Gründen bewusst verzichtet:

1. Das wichtigste ist der Geburtsplanet. Dieser traditionelle Ansatz des Ur-MaHaBote kommt in bei dem anderen Autor definitiv zu kurz. Die sechsundfünfzig Horoskop-Typen lenken meiner Meinung nach zu stark vom Bewusstsein für den Geburtsplaneten ab. Zudem besagt das MaHaBote: das Wichtigste ist der Geburtsplanet.
2. Die "Festnagelung" auf einen der sechsundfünfzig Horoskop-Typen lässt weniger Spielraum für die eigene Individualität und hemmt die eigene Sicht auf den Fluss im "Horoskop". Somit ermöglicht meine Darstellung die jeweils eigene Erarbeitung des Karma Charts vom ganz persönlichen Ausgangspunkt, Entwicklungsstand und Motivationsgrad des Betreffenden und bietet den angemessenen Raum für die eigene Individualität.

Zudem wurde bei der Charakterisierung der Jahre auf den Hinweis von (berühmten) Persönlichkeiten verzichtet. Denn nur wenige derer sind dafür berühmt geworden, dass sie ihr Karma gemeistert hätten. Außerdem kann die Identifizierung mit einem berühmten Horoskop-Träger des gleichen MaHaBote Karma Charts häufig auch aufgrund von Antipathien zu demjenigen von der Arbeit an sich selbst und der Entwicklung des eigenen Potenzials ablenken.

Die jeweiligen Nuancen eines MaHaBote Jahres ergeben sich durch den individuellen Geburtsplaneten und dessen „Freunde und Feinde". Aber ein MaHaBote-Jahr, bei dem Merkur im 6. Haus steht, wird nur mit einer äußerst geringen Wahrscheinlichkeit einen Literatur-Nobelpreisträger hervorbringen, auch nicht, wenn Merkur der Geburtsplanet sein sollte. Ebenso wenig ist einem MaHaBote-Jahr, das Mars im Haus Nr. 6 stehen hat, eine dauerhaft, langfristig erfolgreiche, verletzungsfreie Karriere als Sportler oder Rennfahrer beschieden. Okay, wir hatten kurzzeitig einen Bundestrainer mit Rahu als Geburtsplanet in Haus Nr. 6, der aber auch genauso schnell verschwand, wie er aus dem Hut gezaubert worden war (Jürgen Klinsmann)

Durch den Geburtsplaneten ergeben sich im MaHaBote Karma Chart Verschiebungen des Energieflusses und etwas abweichende Ansätze, das Karma zu bewältigen. Doch dank der ausführlichen Erläuterung der Themen der Geburtsplaneten zu Beginn des Buches sind die meisten vermutlich damit schon genug beschäftigt.

Gleichzeitig birgt natürlich die isolierte Jahresbetrachtung auch das Risiko, dass sich einzelne Häuser oder Themen nicht so klar oder etwas abweichend für den Betreffenden darstellen oder anfühlen. Doch genau daraus erst entsteht die Motivation für denjenigen, der Sache auf den Grund zu gehen, und herauszufinden, warum das so ist. Dann hat er Fragen und ist bereit, die Antwort zu suchen und zu verkraften. Das bringt bei der Bewältigung des Karmas oder des Alltags mehr als zu wissen, ob man nun das gleiche Horoskop wie Gorbatschow, Genscher, Papst Johannes Paul oder Benedikt, Mutter Theresa, Elvis Presley, Lady Gaga, Kristen Stewart, Robert Pattinson, Prinzessin Diana oder James Dean hat.

Daher lautet die Empfehlung, sich zunächst mit dem Geburtsplaneten eingängig zu beschäftigen und ihn dann im nächsten Schritt im Zusammenhang mit dem Chart auf sich wirken zu lassen:

- Seine Position (die Reihe, die Energie des Hauses)

Lassen Sie seine Position auf sich wirken. Je tiefer der Planet steht, desto wahrscheinlicher ist es, dass Sie sich besonders anstrengen müssen, die positiven Seiten zum Strahlen zu bringen und die blockierenden Muster abzulegen.

Verbinden Sie im zweiten Schritt die Beschreibungen des Hauses, in dem er steht, mit den positiven und blockierenden Eigenschaften. Finden Sie für sich heraus, welche Eigenschaften aktuell dominieren. Das können Sie auch leicht an den „Aufgaben“ festmachen, die aktuell oder immer bei Ihnen anstehen.

Doch, auch wenn ihr Planet in der mittleren Reihe oder ganz oben steht, heißt das nicht, dass Ihnen weniger Arbeit oder ein einfacheres Karma beschieden ist.

Im Gegenteil - je höher der Geburtsplanet platziert ist, desto wahrscheinlicher ist es, dass die Themen aus den Häusern weiter unten auch eher nachlässig behandelt wurden. Auch da können Sie dann jede Menge Licht durch entsprechendes Bewusstsein hintragen, um Ihr Leben in die gewünschte Bahn zu lenken und endlich die Ergebnisse zu erzielen, die Sie schon immer für sich gewünscht haben.

Auch hier lernen Sie schon viel über Ihre Stärken und Schwächen, Ihre Aufgaben und Chancen sowie Sehnsüchte und Motivationen kennen. Sie erkennen die Quellen möglicher blockierender Energien, die Ihnen bisher die Laune am Karma vermiest haben. Und Sie entwickeln erste Erkenntnisse, wie Sie das ändern können.

Karma des Sonnenjahres

	7 **Mars** *Talente*	
3 **Jupiter** *Ruhm*	4 **Sonne** *Reichtum*	5 **Merkur** *Sehnsucht*
2 **Mond** *Extreme*	1 **Venus** *Unbeständigkeit*	6 **Saturn** *Störung*

Haus des Ruhmes

Der erste Eindruck – wie andere Sie bei der ersten Begegnung wahrnehmen:

Jupiter. Bei der ersten Begegnung nehmen andere zunächst Ihre Weisheit und Bildung wahr. Man hält Sie für einen großzügigen Menschen, der eher den Verstand über die Emotionen stellt und schätzt Ihren Rat. Falls Sie es jedoch mit Ihren (ungefragten) Ratschlägen übertreiben sollten und hätten Sie gleich schon mal den Ruf als "Besserwisser" weg.

Haus der Extreme

Ganz oder gar nicht – Eigenschaften, die extremen Schwankungen unterliegen können:

Mond. In Angelegenheiten des Herzens, der Emotionen, Intuition und Gefühle kennen Sie kein Mittelmaß. Diese sind entweder mal hundert Prozent vorhanden oder eben gar nicht.

Haus des Reichtums

Die Quelle Ihrer Zufriedenheit, der Lebensinhalt, den Sie vielleicht auch zum Beruf machen sollten:

Sonne. In jedem Fall müssen Sie eigenständig arbeiten können und brauchen einen Chef, der Ihnen im Idealfall so gut wie gar keine Anweisungen gibt. Sie lieben es im Mittelpunkt (Ihres eigenen Universums) zu stehen. Verantwortung und Führungsaufgaben übernehmen ist etwas ganz Natürliches für Sie. Daher spielt es zunächst fast keine Rolle, welchen Beruf Sie ergreifen, ob Sie Zahntechniker-Meister oder frei schaffender Journalist sind, solange Sie das, was Sie tun ohne Einmischung von anderen Autoritäten tun können.

Haus der Unbeständigkeit

Themen, Eigenschaften und Angelegenheiten, die einem fortwährenden Wechsel unterworfen sein können:

Venus. In Ehe- und Liebesdingen, aber auch im Umgang mit Kolleginnen und Freundinnen liegt in Ihrem Leben eine gewisse Unbeständigkeit vor. Falls dies tatsächlich der Fall sein sollte - und Sie sich motiviert genug fühlen, daran etwas zu ändern, richten Sie Ihre Aufmerksamkeit auf Ihre eigene weibliche Seite und schöpferische Ader. Statt das Kreative und Phantasievolle zu ignorieren, zu unterdrücken oder zu belächeln, entwickeln Sie hierfür zumindest Respekt und Toleranz und fördern Sie andere in diesen Bereichen. Stellen Sie sich gelegentlich auch bewusst in die Dienste von Frauen, helfen Sie Kolleginnen.

Haus der Talente

Ihre stärkste Motivation, Ihr größtes Talent:

Mars. Ihr größtes Talent kann im Managen, Organisieren und vor allem "Tun" liegen. Da sind Macher-Eigenschaften. Es könnte auch sein, dass Sie dieses Talent als Office-Manager, Physiotherapeut, Chirurg oder Sportler ausleben.

Haus der Sehnsüchte

Was oder wer für Sie erstrebenswert, anziehend oder ein Vorbild ist:

Merkur. Sie legen - insbesondere bei anderen - hohen Wert auf eine gute und korrekte Ausdrucksweise und wünschten sich manchmal, Sie selbst hätten davon auch ein bisschen mehr. Sie fühlen sich zu belesenen Menschen mit feinsinnigem Humor und geistiger Brillanz hingezogen.

Haus der Störung

Ihr „blinder Fleck“, die größte Schwäche und Herausforderung (für Sie und andere):

Saturn. Eines Ihrer größten Probleme hat mit den Themen Struktur, Ordnung, Zuverlässigkeit und Disziplin zu tun. Es kann sein, dass Sie in der Büroküche das Wegräumen Ihrer gebrauchten Kaffeetasse anderen überlassen, zuhause aber penibel darauf achten, dass alle Kissen korrekt arrangiert sind?

Insbesondere dann, wenn Sie es zu einer Führungsposition bringen wollen oder gebracht haben, wäre es Ihrer Wirkung als Autorität zuträglich, wenn Sie sich in den angesprochenen Themen bewusst und zum positiven entwickeln könnten.

	7 **Merkur** *Talente*	
3 **Venus** *Ruhm*	4 **Mond** *Reichtum*	5 **Jupiter** *Sehnsucht*
2 **Mars** *Extreme*	1 **Saturn** *Unbeständigkeit*	6 **Sonne** *Störung*

Haus des Ruhmes

Der erste Eindruck – wie andere Sie bei der ersten Begegnung wahrnehmen:

Venus. Sie besitzen eine sehr erotische, aparte, attraktive, "flirtöse" Ausstrahlung - sagen alte MaHaBote-Lehrbücher. Ihr Mix aus Charme und - gelegentlich verhaltenem bzw. gespieltem - Draufgängertum macht Sie für Ihre Mitmenschen unwiderstehlich. Natürlich können Sie gar nichts dafür...

Haus der Extreme

Ganz oder gar nicht – Eigenschaften, die extremen Schwankungen unterliegen können:

Mars. Ihre Tatkraft und Schaffensdrang unterliegen dem Prinzip "Ganz oder gar nicht". An einem Tag überschlagen Sie sich fast bei der Erledigung Ihrer Aufgaben und am nächsten Tag bekommen Sie einfach nichts geregelt.

Haus des Reichtums

Die Quelle Ihrer Zufriedenheit, der Lebensinhalt, den Sie vielleicht auch zum Beruf machen sollten:

Mond. Wenn Sie sich um andere kümmern und helfen können, sind Sie glücklich. Dabei sind Sie sehr vielseitig. Somit kämen möglicherweise Berufe aus dem pflegenden Bereich im Gesundheitswesen (z.B. Krankenschwester, Arzt- oder Tierarzthelferin) aber auch aus der Bio-/Öko-/Tourismus-/Reisebranche oder der Gastronomie in Frage oder Berufe, die mit Schreiben, Literatur oder Musik zu tun haben.

Haus der Unbeständigkeit

Themen, Eigenschaften und Angelegenheiten, die einem fortwährenden Wechsel unterworfen sein können:

Saturn. Kann es sein, dass Sie sich manchmal hinter Ihren Ansprüchen an (die eigene) Perfektion verstecken? Dass Ihr Pessimismus sie zwar in Ihrer Komfortzone schützt, Sie sich aber dadurch Erfahrungen vermasseln, die Ihren Horizont erweitern, den Geist beflügeln, die Seele streicheln und das

Herz (und Bett) wärmen könnten, übersehen Sie dabei leicht.

Haus der Talente

Ihre stärkste Motivation, Ihr größtes Talent:

Merkur. Falls Sie bisher noch kein eigenes Gedicht oder eigene Geschichten verfasst haben, wäre jetzt der ideale Zeitpunkt, dieses Talent zu fördern. Die Ergebnisse würden nicht nur Sie selbst, sondern auch andere überraschen und könnten Ihrem lädierten Selbstbewusstsein etwas auf die Sprünge helfen.

Haus der Sehnsüchte

Was oder wer für Sie erstrebenswert, anziehend oder ein Vorbild ist:

Jupiter. Sie bewundern an anderen Menschen deren Bildung, Klugheit, Loyalität oder auch Spiritualität und Traditionsbewusstsein. Sie wissen aber schon, dass diese Verstandes lastigen Tugenden im fortwährenden Widerspruch zu Ihrem emotionalen, intuitiven Naturell stehen?

Haus der Störung

Ihr „blinder Fleck“, die größte Schwäche und Herausforderung (für Sie und andere):

Sonne. *I*nsbesondere männlichen Zeitgenossen stehen mit Ihrem Vater oder ihrer eigenen Vaterrolle auf Kriegsfuß. Die weiblichen Zeitgenossen verbinden mit dem Vater möglicherweise einen zu frühen Verlust oder Frust, weil er hinter ihren Erwartungen zurück blieb, die Familie im Stich gelassen oder Sie mit seiner Autorität oder ggf. deren Missbrauch gekränkt hat. In jedem Fall liegt in der Lösung dieser Herausforderung, in der Bewältigung dieses Traumas der Schlüssel zum Wiederfinden Ihres verlorenen Selbstbewusstseins.

	7 Jupiter *Talente*	
3 Saturn *Ruhm*	4 Mars *Reichtum*	5 Venus *Sehnsucht*
2 Merkur *Extreme*	1 Sonne *Unbeständigkeit*	6 Mond *Störung*

Haus des Ruhmes

Der erste Eindruck – wie andere Sie bei der ersten Begegnung wahrnehmen:

Saturn. Falls Sie auf andere bei der ersten Begegnung eher hart, unnahbar, stur und vielleicht sogar dominant wirken, machen Sie sich mal keinen Kopf. Sie wissen, dass Sie im tiefsten Inneren "windelweich" sind und alles andere als dominant. Bekanntlich kommen ja nur die Harten in den Garten. Und nur die Mutigen werden sich von Ihrer Erscheinung nicht abschrecken lassen. Gleichzeitig können Sie natürlich auch - im Rahmen Ihrer Möglichkeiten - zu einem etwas gemäßigteren Auftreten beitragen - ohne sich jedoch zu verbiegen.

Haus der Extreme

Ganz oder gar nicht – Eigenschaften, die extremen Schwankungen unterliegen können:

Merkur. Sie würden es sich in der Kontaktfindung mit anderen und im täglichen Umgang im Privaten und am Arbeitsplatz wesentlich einfacher machen, wenn Sie zu einem einigermaßen kontinuierlichen Kommunikationsverhalten finden würden. An einem Tag reden wie ein Wasserfall, um dann wieder in tiefes Schweigen zu verfallen, stresst Ihre Umwelt und vermasselt Ihnen vielleicht auch Chanchen, jemanden kennenzulernen oder einen Auftrag an Land zu ziehen.

Haus des Reichtums

Die Quelle Ihrer Zufriedenheit, der Lebensinhalt, den Sie vielleicht auch zum Beruf machen sollten:

Mars. Sie wollen abends nachhause kommen und berichten, was Sie am Tag alles geschafft und erledigt haben. Sie sind ein Mensch der Tat und ziehen Ihr Ding durch. Daher eignen Sie sich hervorragend als Manager z.B. in der Automobilbranche. Vielleicht ist aber auch ein talentierter Chirurg (insbesondere, wenn Mars der Geburtsplanet ist), Handwerker bzw. Techniker an Ihnen verloren gegangen oder Sie gehen in Sicherheits- und Schutzberufen auf, z.B. Wachdienst oder Polizei

Haus der Unbeständigkeit

Themen, Eigenschaften und Angelegenheiten, die einem fortwährenden Wechsel unterworfen sein können:

Sonne. Mit Ihrem eigenen Selbstbewusstsein, dem Umgang mit Kritik und Autorität(en) scheinen Sie es noch nicht weit genug gebracht zu haben. Woran Sie das merken? An Ihrem Umgang mit Kritik, wenn sie an Ihnen geübt wird. Am besten kommen Sie vielleicht dorthin, wo Sie es möchten, wenn Sie sich mal vorrangig ausschließlich mit Ihren eigenen Aufgaben und Themen beschäftigen und sich weniger in Angelegenheit anderer einmischen. Werden Sie zunächst verantwortungsbewusster Herr Ihres eigenen Universums, dann nimmt man Sie vielleicht auch in diesem Bereich künftig positiver wahr.

Haus der Talente

Ihre stärkste Motivation, Ihr größtes Talent:

Jupiter. Sie haben ein Talent, Ihr Wissen an andere weiterzugeben, z.B. als Lehrer oder Dozent - jedoch immer mit Praxisbezug. Im Ihrem Gerechtigkeitsempfinden und einem objektiven Verstand können Sie Ihr auch als Vermittler, Mediator, Coach, Jurist, Richter oder spiritueller Ratgeber ausleben.

Haus der Sehnsüchte

Was oder wer für Sie erstrebenswert, anziehend oder ein Vorbild ist:

Venus. Sinn und Sinnlichkeit, Erotik, Verführung, Kreativität und Charme, Partys und Prosecco sowie Weiblichkeit als solche ziehen Sie magisch an. Nun, wer viel arbeitet, sollte auch mal feiern und "zwitschern" dürfen. Widerstehen sollten Sie jedoch Romanzen, die die Ehe gefährden könnten - natürlich nur, falls Ihnen daran etwas liegt.

Haus der Störung

Ihr „blinder Fleck", die größte Schwäche und Herausforderung (für Sie und andere):

Mond. Auch, wenn Ihre eigene Mutter Ihnen vielleicht zu hartherzig vorkommt, entwickeln dann wenigstens Sie Respekt und Toleranz für die empfindlicheren, sensibleren Naturen unter Ihren Mitmenschen. Von vermeintlichen "Beckenrandschwimmern" und "Schattenparkern" können Sie lernen, selbst weicher und fürsorglicher zu werden. Das Beste dabei: es kostet nichts und bringt enormen (Gefühls-)Reichtum. Halten Sie sich möglichst von Stimmungs- und Gefühlsstimulanzien wie Alkohol, Drogen oder auch Tabletten fern.

	7 Venus *Talente*	
3 Sonne *Ruhm*	4 Merkur *Reichtum*	5 Saturn *Sehnsucht*
2 Jupiter *Extreme*	1 Mond *Unbeständigkeit*	6 Mars *Störung*

Haus des Ruhmes

Der erste Eindruck – wie andere Sie bei der ersten Begegnung wahrnehmen:

<u>Sonne</u>. Mit der Autorität, gelegentlich gepaart mit Souveränität, die Sie bei der ersten Begegnung ausstrahlen, wird nicht jeder sofort warm. Für einen väterlichen Rat, womöglich noch ungefragt, haben nur wenige gleich beim Kennenlernen Bedarf. Wenn Sie in diesen Punkten jedoch gemäßigt nach außen wirken, ziehen Sie mit Leichtigkeit Menschen an, die sich Ihnen gern anschließen.

Haus der Extreme

Ganz oder gar nicht – Eigenschaften, die extremen Schwankungen unterliegen können:

Jupiter. Objektivität, Spiritualität, Loyalität - an ungeraden Tagen ja, an geraden nein. Sicherlich würde sich eine einigermaßen zuverlässige Stabilität dieser Eigenschaften förderlich auf das Miteinander Ihrer beruflichen wie privaten Kontakte auswirken.

Haus des Reichtums

Die Quelle Ihrer Zufriedenheit, der Lebensinhalt, den Sie vielleicht auch zum Beruf machen sollten:

Merkur. Vor allem kaufmännische Berufe würden sich empfehlen. Ebenso kämen Tätigkeiten, die hohe Ansprüche an eine geistige Flexibilität, gute Ausdrucksfähigkeit in Wort und Schrift stellen, in Frage, z.B. Verkäufer, Dolmetscher, Redakteur, Sekre-tär, Schauspieler. Aber auch Chemiker oder Pharmazeut.

Haus der Unbeständigkeit

Themen, Eigenschaften und Angelegenheiten, die einem fort-währenden Wechsel unterworfen sein können:

Mond. Falls Sie sich psychisch unterdrückt oder häufig als Opfer fühlen, sollten Sie unbedingt Ihre Denkmuster analysieren. In erster Linie ist das, was Sie selbst denken und was

Sie wie bewerten die Ursache für Ihren Schmerz oder die unangenehme Situation.

Haus der Talente

Ihre stärkste Motivation, Ihr größtes Talent:

Venus. Mit Ihrem Sinn für Ästhetik, (Farb-)Harmonie und sicherem Stilempfinden verschönern Sie Ihr Umfeld. Sie leben "Schöner Wohnen" und wären vielleicht auch als Einrichtungs- oder Stilberater gefragt. Natürlich können Sie auch nur für sich selbst Ihre künstlerischen Talente vorantreiben.

Haus der Sehnsüchte

Was oder wer für Sie erstrebenswert, anziehend oder ein Vorbild ist:

Saturn. Die Ansprüche, die Sie an Ihre eigene Perfektion, Dienerschaft, Zuverlässigkeit, Treue hegen, ehren Sie. Und gleichzeitig engen sowohl Sie sich selbst als auch Ihre Mitmenschen, von denen Sie diese Tugenden annehmen oder erwarten möglicherweise ein und öffnen Quellen möglicher Enttäuschungen.

Haus der Störung

Ihr „blinder Fleck“, die größte Schwäche und Herausforderung (für Sie und andere):

Mars. Ihre größte Herausforderung mag sich beispielsweise in der Überwindung vorhandener autoaggressiver Neigungen oder Problemen mit Männern, Gewalt oder Verletzungen bzw. Traumata darstellen. Finden Sie zu einer gesunden Balance von Aktion und Entspannung. Achten Sie auf Ihr körperliches Wohlbefinden. Ihr Körper ist der Tempel, in dem Ihre Seele wohnt. Nur Sie können ihr ein heimeliges Zuhause bieten - handeln Sie entsprechend verantwortungsbewusst und richten Ihr Denken entsprechend aus. Dann entwickeln sich die erforderlichen Maßnahmen behutsam und sanft - und insbesondere die weiblichen Zeitgenossen finden so dann auch in eine Beziehung zu einem Mann von dauerhafter Erfüllung und Unversehrtheit. Für Frauen kann diese Konstellation sich in einem Hang zu "übergriffigen" oder latent gewaltbereiten oder "rauhen" Partnern bedeuten - oder auch die Angst oder vermeintliche Machtlosigkeit vor ebensolchen. Männer dieses Geburtsjahres könnten u.U. eher zu einem höheren Aggressionspotenzial gegenüber Frauen neigen als andere.

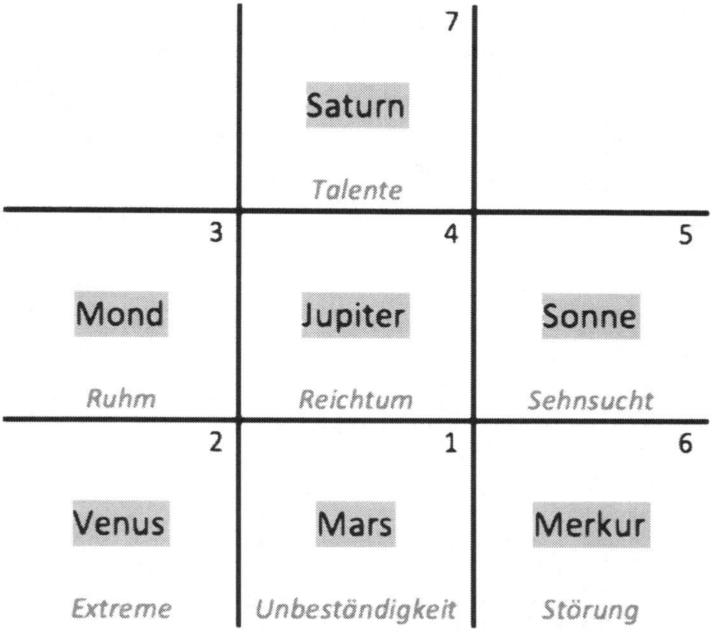

Haus des Ruhmes

Der erste Eindruck – wie andere Sie bei der ersten Begegnung wahrnehmen:

Mond. Mit Ihrer herzlichen, humorvollen Art, Ihrer Anpassungsfähigkeit gelingt es Ihnen leicht, andere zur Kontaktaufnahme mit Ihnen einzuladen. Achten Sie jedoch darauf, dass die "kalte" Dusche zwischen Ihrem herzbetonten Äußeren und eher verstandesorientiertem Wesenskern für diese Kontakte nicht auf die Stufe "lauwarm" zurückfällt. Verzichten Sie daher unbedingt auch auf "Witze", die in den Augen anderer keine sind.

Haus der Extreme

Ganz oder gar nicht – Eigenschaften, die extremen Schwankungen unterliegen können:

Venus. Ihre weibliche Seite, Ihr Verständnis für Frauen und die Einstellung gegenüber Ehe, Kreativität und Diplomatie unterliegen bei Ihnen extremen Schwankungen. Das ist vielleicht weniger für Sie ein Problem, sondern eher für diejenigen, die sich zu einem Zeitpunkt auf Sie eingelassen haben, als diese Eigenschaften gerade ihren Höhepunkt hatten. Falls Ihnen an einer harmonischen Beziehung und einem guten Einvernehmen mit Ihren weiblichen Zeitgenossen liegt, wäre eine gewisse Beständigkeit in diesen Tugenden empfehlenswert. Den kreativen Spielraum, den Sie sich nehmen, sollten sie dann auch anderen (Partner, Freunden, Kollegen) einräumen.

Haus des Reichtums

Die Quelle Ihrer Zufriedenheit, der Lebensinhalt, den Sie vielleicht auch zum Beruf machen sollten:

Jupiter. Woran auch immer Sie Gefallen haben, geben Sie Ihr Wissen gern weiter und beraten andere. Wissenschaftler, Juristen und generell Akademiker sind mit dieser Konstellation überdurschnittlich vertreten. Sie orientieren sich vornehmlich an Zahlen, Daten, Fakten und legen Wert darauf, dass die Methoden wissenschaftlich validiert sind. Kann es sein, dass Sie dadurch Ihre mangelndes verkäuferisches und Kommunikationstalent verbergen wollen?

Haus der Unbeständigkeit

Themen, Eigenschaften und Angelegenheiten, die einem fortwährenden Wechsel unterworfen sein können:

Mars. Verlassen Sie den Kriegspfad, verzichten Sie auf Wettkämpfe und schlagen Sie den Weg des Friedens und der Harmonie ein. Ihre Schaffens- und Tatkraft ist weniger belastbar als bei anderen Zeitgenossen. Insbesondere Männer, die es mit Aggressionen, Kampfgeist etc. übertreiben, könnten durch diesen und anderen Raubbau Beeinträchtigungen im sexuellen Stehvermögen erleiden. Befrieden Sie möglichst umgehend Ihr Verhältnis zu Männern im privaten und beruflichen Umfeld. Das gilt für Männer wie Frauen. Haushalten Sie mit Ihren Energien und entwickeln Sie echten Teamgeist (statt Wettkampf-Sucht), insbesondere mit Männern.

Haus der Talente

Ihre stärkste Motivation, Ihr größtes Talent

Saturn. Strukturieren, Organisieren, Perfektionismus darin liegen möglicherweise Ihre Talente. Achten Sie jedoch darauf, dass Sie der latenten Neigung widerstehen, sich zu dabei zu verzetteln und dann im völligen Chaos zu versinken. Dieses Risiko potenziert sich um ein Vielfaches, wenn der Geburtsplanet die Venus ist.

Haus der Sehnsüchte

Was oder wer für Sie erstrebenswert, anziehend oder ein Vorbild ist

Sonne. Sie wären gern so mächtig wie… Sie sehnen sich danach, der Mittelpunkt zu sein und dennoch eigenständig. Bedenken Sie dabei drei Dinge: Erstens: Sofern Sie nicht selbst an einem Sonntag geboren sind, werden Sie sich allenfalls Ihrer Vorstellung von einer Autorität nähern, sie jedoch nie ganz erreichen. Zweitens: wenn Sie Nähe zur Macht und Autorität, also zu Menschen mit diesen (angeborenen) Eigenschaften suchen, machen Sie sich eher abhängig von diesen und unterlaufen somit Ihre eigene Sehnsucht nach wahrer Eigenständigkeit. Drittens: Macht macht einsam und befreit Sie keineswegs von einem verantwortungsbewussten, eher zurückhaltenderem Kommunikationsverhalten.

Haus der Störung

Ihr „blinder Fleck", die größte Schwäche und Herausforderung (für Sie und andere)

Merkur. Die Herausforderung mag sich z.B. in einer problematischen Kindheit, Unterdrückung durch den Vater oder eine andere Autorität, einem kritischen Verhältnis zu den eigenen Kindern und / oder einer Schwäche bzw. Störung in der Kommunikation oder einem Nerven- oder psychosomatischen Leiden oder ggf. Hyperaktivität äußern. Hier ist unbedingt ein bewusster Umgang mit Gedanken und dem Wort an sich anzuraten. Stoppen Sie möglichst umgehend Ihre (negativ) bewertenden Gedanken und die häufig daraus resultierenden Worte. Verzichten Sie auf die Anwendung Ihrer ironischen bis sarkastischen Witze, wenn Sie nicht wollen, dass beruflich wie privat alles zusammenstürzt.

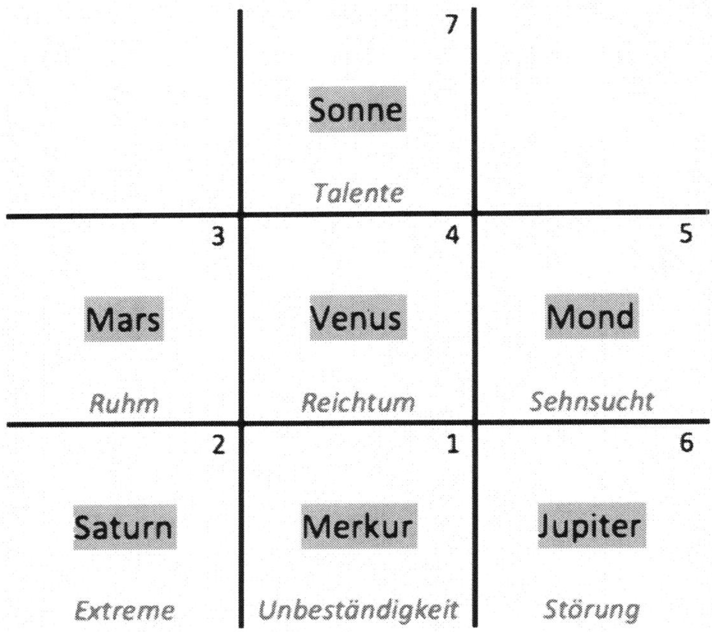

Haus des Ruhmes

Der erste Eindruck – wie andere Sie bei der ersten Begegnung wahrnehmen:

Mars. Mit Ihrer motivierende Art, Ihrem zupackenden Wesen und ggf. einem gewissen "unbeirrbaren" Draufgängertum beeindrucken Sie neue Kontakte schnell. Insbesondere die etwas "bequemeren" Zeitgenossen erhoffen sich von Ihnen die Erledigung von längst anstehenden Aufgaben.

Haus der Extreme

Ganz oder gar nicht – Eigenschaften, die extremen Schwankungen unterliegen können:

Saturn. In Sachen Pünktlichkeit, Zuverlässigkeit, Perfektion und ggf. Treue sind Sie für Ihre Zeitgenossen unberechenbar. Denn mal sind Sie in diesen Tugenden das Vorbild in Person, das kann auch für einzelne Bereiche Ihres beruflichen wie privaten Lebens gelten. Und mal sucht man diese Eigenschaften bei Ihnen vergebens. Wenn Sie der Meinung sind, dass die Wertschätzung, die Sie durch eine zuverlässiges Mindestmaß dieser Themen Ihren Mitmenschen gegenüber ausdrücken vielleicht sogar zu Ihrem eigenen Vorteil sein könnte, sollten Sie sich dieser Aufgabe gelegentlich annehmen.

Haus des Reichtums

Die Quelle Ihrer Zufriedenheit, der Lebensinhalt, den Sie vielleicht auch zum Beruf machen sollten:

Venus. Wo auch immer es etwas zu gestalten, zu verschönern, zu erschaffen gibt, sind Sie in Ihrem Element. Daher ist die berufliche Bandbreite weit gefächert. Möglich wären beispielsweise Koch, Designer, Innenarchitekt, Künstler, Eventmanager, Modeberater, Eventmanager

Haus der Unbeständigkeit

Themen, Eigenschaften und Angelegenheiten, die einem fortwährenden Wechsel unterworfen sein können:

Merkur. Wie steht es mit der Zuverlässigkeit Ihres Kommunikationsverhaltens? Dem Beantworten von Mails, Anrufen oder ähnlichem?

Haus der Talente

Ihre stärkste Motivation, Ihr größtes Talent

Sonne. Wonach sich andere häufig für sich selbst sehnen, ist Ihnen in die Wiege gelegt worden: natürliche Autorität. Sie sind die geborene Führungskraft und für eine selbständige Arbeitsweise bestens geeignet. Damit kommt auch gleichzeitig eine große Verantwortung auf Sie zu, mit dieser Kompetenz achtsam insbesondere gegenüber denen umzugehen, die unter Ihrer Führung stehen. Achten Sie auf Ihre Vorbildfunktion in allen Bereichen, das erspart allen Beteiligten autoritäres Machtgehabe.

Haus der Sehnsüchte

Was oder wer für Sie erstrebenswert, anziehend oder ein Vorbild ist:

Mond. Sie sehnen sich eher nach dem Waschbärbauch als nach dem Waschbrettbauch. Das Gemütliche, Mütterliche, Wohlige, Hilfsbereitschaft und Geborgenheit sind Ihnen wichtig. Weil Sie glauben, gemessen an Ihren eigenen Ansprüchen, darin nicht gut genug zu sein, suchen Sie diese Eigenschaften in Ihrem Gegenüber. Doch bei aller Gemütlichkeit ist Ihnen ein ansprechendes Äußeres ebenfalls wichtig, denn das Auge isst bekanntlich mit...

Haus der Störung

Ihr „blinder Fleck", die größte Schwäche und Herausforderung (für Sie und andere)

Jupiter. Entweder Sie neigen zur "Vorverurteilung", klammern sich an Traditionen und Bewährtes oder tun sich schwer mit Wissenserwerb, Bildung, Objektivität und fühlen sich in diesem oder ähnlichen Bereichen minderwertig oder schnell "verunsicherbar". Hieraus resultieren ggf. Angst vor Übervorteilung und der darauf folgende Zwang, vor einer Entscheidung möglichst diese Wissenslücke zu schließen. Legen Sie diesen Komplex so schnell es geht zu den Akten.

Wo kämen wir denn hin, wenn die Straßen nur mit kopf-, zahlen-, daten- und faktenversessenen Menschen gepflastert wären? Ihre Aufgabe ist es, genau diesen Menschen das Leben zu verschönern. Sie sorgen für die Blumen am Straßenrand. Ihre Kreativität ermöglicht Fortschritt. Finden Sie Bereiche, die Ihrem Naturell entsprechen und konzentrieren Sie sich darauf, auf diesem Gebiet auch den theoretischen Wissensstand zu festigen. Für alles andere gibt es Wikipedia.

	7 Mond *Talente*	
3 Merkur *Ruhm*	4 Saturn *Reichtum*	5 Mars *Sehnsucht*
2 Sonne *Extreme*	1 Jupiter *Unbeständigkeit*	6 Venus *Störung*

Haus des Ruhmes

Der erste Eindruck – wie andere Sie bei der ersten Begegnung wahrnehmen:

Merkur. Ihr Humor, die gute Ausdrucksweise und geistige Flexibilität erleichtern anderen die Kontaktaufnahme mit Ihnen erheblich. Man findet sofort in eine angenehme Unterhaltung mit Ihnen - über welches Thema auch immer.

Haus der Extreme

Ganz oder gar nicht – Eigenschaften, die extremen Schwankungen unterliegen können:

Sonne. In puncto Eigenständigkeit, Verantwortungsbewusstsein oder auch Selbstbewusstsein gehen Sie in die Extreme. So kann es passieren, dass jemand, der Sie an einem Tag kennenlernt, durchaus - im positiven Sinne - als selbst- und verantwortungsbewusst wahrnimmt. Jemand, der Sie an einem anderen Tag erlebt hat, würde diese Eigenschaften jedoch keinesfalls an Ihnen ausgemacht haben - sofern Sie an solchen Tagen überhaupt aus dem Haus gegangen wären.

Haus des Reichtums

Die Quelle Ihrer Zufriedenheit, der Lebensinhalt, den Sie vielleicht auch zum Beruf machen sollten:

Saturn. Zugegeben: Buchhalter oder Diener haben als Beruf auf den ersten Blick so viel Unterhaltungswert wie das Telefonbuch, aber nur für jemanden, der kein Verständnis für Zahlen, Ordnung und Struktur hat. In jedem Fall sind Sie im Dienstleistungssektor oder auch im Controlling hervorragend aufgehoben. Steuerberater- oder Wirtschaftsprüfer - keiner wäre zuverlässiger und exakter als Sie.

Haus der Unbeständigkeit

Themen, Eigenschaften und Angelegenheiten, die einem fortwährenden Wechsel unterworfen sein können:

Jupiter. Und gleich nochmal Balance - diesmal zwischen Herz und Verstand. Ihre emotionale und soziale Kompetenz stehen über Ihrem Verstand und der Objektivität. Und dennoch sind Sie verunsichert, wenn Sie mal spontan aus dem Bauch heraus eine Entscheidung getroffen haben - wie kann man nur, in diesen Fakten- und Wissenschaftsorientierten Zeiten? Doch ist es nicht so, dass die Wissenschaft mittlerweile vieles be- und widerlegt, woran entweder bisher viele gezweifelt haben oder was sie selbst vielleicht einmal als Forschungsergebnis herausgegeben hat? Wissenschaft ist auch nur von Menschen gemacht. Integrieren Sie gern diese Aspekte in Ihre Entscheidungsfindung, aber gewichten Sie diese nicht zu Ungunsten Ihres echten, spontanen Bauchgefühls.

Haus der Talente

Ihre stärkste Motivation, Ihr größtes Talent:

Mond. Einen hervorragenden Ausgleich zu Ihrem möglicherweise eher "starren" beruflichen Alltag bietet Ihnen Ihr Talent zum Musizieren oder der Einsatz für Familie, soziale oder karitative Einrichtungen oder den Umweltschutz.

Haus der Sehnsüchte

Was oder wer für Sie erstrebenswert, anziehend oder ein Vorbild ist:

Mars. Sie lieben die Macher und die Leidenschaft, vor allem in der Zweisamkeit. Insbesondere Frauen sollten sich für den Fall, dass sie ihr Ideal in diesen Punkten gefunden haben, nicht über den mangelnden Kuschelfaktor beschweren. Männer dieser Geburtsjahre könnten ggf. der Meinung sein, sie sind in Bezug auf Ihr "bestes Stück" zu kurz geraten. Fragen Sie doch einfach mal Ihrer Partnerin nach, ob dem wirklich so ist, oder wie sie das ihrer Meinung nach "kompensieren" könnten....

Haus der Störung

Ihr „blinder Fleck“, die größte Schwäche und Herausforderung (für Sie und andere):

Venus. Von Frauen als solche und jegliche schöpferische oder auch verführerische Zeitgenossen mit Freude an Spontaneität, Festen, Kunst und Kultur geht keine Bedrohung aus. Im Gegenteil: auf Sie könnten sie - wohldosiert genossen - entspannend, inspirierend und in jedem Fall förderlich wirken. Was wäre eine Bilanz, in der es nur Einnahmen, aber keine Ausgaben gäbe? Die Bilanz (von Balance) ist die Grundlage für Ihre Existenz. Integrieren Sie daher zu Ihrem eigenen Wohle diese Menschen und Eigenschaften in Ihren Alltag.

Häufig gestellte Fragen / FAQ

In acht Jahren MaHaBote-Arbeit und Beratungen kamen einige Fragen wiederholt auf. Ich kann mir vorstellen, dass die eine oder andere auch den Leser dieses Buches beschäftigt.

Daher habe ich auf den folgenden Seiten die häufigsten zusammengetragen.

Sollte Ihre Frage nicht dabei oder unbefriedigend beantwortet sein, können Sie gern mit mir Kontakt aufnehmen:

service@mahabote-karmacoaching.de

Was hat es mit den Freunden und Feinden auf sich?

Freund und Feind klingt auf den ersten Blick drastisch bis dramatisch. In der Philosophie des MaHaBote versteht man darunter Menschen, mit denen man - aller Wahrscheinlichkeit nach - leichter in einen harmonischen Kontakt findet (Freunde) oder von bzw. mit denen das Lernen und die Aufgabenbewältigung mehr Spaß macht. "Feinde" im Sinne des MaHaBote wollen einem nichts Böses. Im Gegenteil: sie sind dazu da, uns auf die Aufgaben aufmerksam zu machen, auf Schwachpunkte oder fehlgeleitete Energien. Betrachten wir sie unter diesem Aspekt, können Kontakte mit diesen Menschen oder auch Konflikte mit ihnen sogar förderlicher und hilfreicher für unsere Entwicklung und die Bewältigung des Karmas sein, als der "Kuschelfaktor", den wir mit den "Freunden" haben.

Die "karmische" Beziehung zwischen den Wochentagen wird in dem Folgebuch, das sich mit Beziehungen und Partnerschaft beschäftigt, detailliert besprochen.

Welcher Geburtsplanet ist der beste / welches Geburtsjahr ist das beste?

Die Frage, welches der beste unter den Geburtsplaneten ist oder welcher Geburtsplanet am besten zu einem passt, lässt sich nicht beantworten.

Es gibt ganz individuelle Vorlieben für gewisse Eigenschaften und auch wenn das Thema "Liebe und Partnerschaft" im nächsten Buch ausführlich behandelt wird, sei eines vorweggenommen:

Es gibt im MaHaBote sechsundfünfzig Horoskop-Typen (acht Planeten mal sieben Jahre). Mehr nicht. Und die Kombinationen aller miteinander hat ergeben: es gibt keine einzige Konstellation bei der beide Partner ausgewogen miteinander den Himmel auf Erden haben und sich gleichermaßen gegenseitig die Wünsche und Sehnsüchte erfüllen.

Und auch rein auf den Wochentag betrachtet, brauchen wir alle sieben (bzw. acht mit dem "Joker"). Denn auch heute ist es noch so wie vor tausenden Jahren: ein Mondzyklus dauert achtundzwanzig Tage (und ein Fitzelchen), das sind vier mal sieben Tage (und ein paar Stunden). Nehmen wir also einen Tag weg oder fügen einen hinzu, passt es nicht mehr mit dem Mondzyklus.

Jeder Tag hat vierundzwanzig Stunden. Also ist jeder Tag gleich viel Wert, auch wenn sich für viele Schüler und Berufstätige Montag eher zäh wie Kaugummi anfühlen und Freitage hingegen wie im Flug vergehen.

Das Gleiche gilt auch für das Geburtsjahr. Jedes Geburtsjahr trägt mit seinen individuellen Anlagen zu unserer Entwicklung und zur Vernetzung unserer Kontakte und Möglichkeiten bei. Was Partnerschaften betrifft, ist es ähnlich. Was für den einen vielleicht ein "Traumpartner" im Sinne des "Matchings" ist, ist umgekehrt für den einen oder anderen ein "dicker Brocken"...

Mehr dazu dann im Folgebuch: „Entschlüsseln Sie den Karma Code Ihrer Beziehungen“.

Ist MaHaBote. mit meiner (christlichen) Religion vereinbar?

Die Antwort lautet: MaHaBote ist nicht mehr und nicht weniger eine Frage des Glaubens als Ihr persönliches Verständnis von einer „Aufgabe“, die Sie in diesem Leben haben. Ob sich Ihnen diese durch Krishna, Jesus, der Jungfrau Maria oder einem Bettler auf der Straße, beim Beten, Meditieren, Fernsehen oder Straße fegen offenbart hat oder noch offenbaren wird, spielt dabei keine Rolle. Und es spielt auch keine Rolle, ob sie sich Ihnen überhaupt offenbart hat oder ob Sie erst die Beschäftigung mit sich selbst durch das MaHaBote der Sache, Ihrem Ich und Ihrer Aufgabe (meistens sind es ja mehrere...) auf die Spur kommen.

Die vorherrschenden Religionen des Kulturkreises, denen das MaHaBote entstammt, sind der Hinduismus und der Buddhismus. Beide empfehlen ein tugendhaftes Leben, um das Karma zu erfüllen und dem Paradies möglichst nah zu kommen.

Ein tugendhaftes Leben steht mit keiner Religion – in unserem Verständnis – im Widerspruch. Jede Religion drückt es vielleicht anders aus und ergänzt die Grundtugenden durch weitere wichtige Verhaltens- oder sogar Ernährungsempfehlungen, z.B. Fastenzeiten. Doch um Ihr Karma mit Hilfe des MaHaBote leichter bewältigen zu können, müssen Sie auf nichts verzichten – außer vielleicht auf die hinderlichen Eigenarten in Ihrer Persönlichkeit. Doch auch selbst das muss nicht unbedingt erforderlich sein, denn auch diese vermeintlich hinderlichen Eigenarten können im entscheidenden Moment richtungsgebende Impulse setzen, wenn Sie sie künftig gezielt und bewusst einsetzen.

Sie sind völlig frei, Ihre religiöse Haltung wie bisher zu wahren. Hinzu kommt nun lediglich ein verstärktes Bewusstsein für Ihr Denken und Tun und die Motive, die dahinter stecken. Bei Ihnen selbst und vielleicht auch bei Ihren Mitmenschen. Und wenn Sie der Meinung sind es könnte Ihnen zusätzlich zu Ihren bisherigen religiösen Praktiken und den Erkenntnissen aus dem MaHaBote dienlich sein, sich bei Sonnenaufgang siebenmal rechts im Kreis zu drehen oder die Fünf Tibeter auf drei zu reduzieren oder abends sieben Katzen auf dem Friedhof zu füttern, tun Sie es! Tun Sie vor allem Dinge, die Sie bisher nicht getan haben oder tun sie sie anders - im Einklang mit einer tugendhaften oder gottgefälligen Lebensführung.

Einziges K.O.-Kriterium etwas (nicht) zu tun sollte ein Widerspruch zu den oben genannten Grundtugenden und denen Ihres persönlichen Glaubens sein. Jede Religion hat zum Ziel, sich mit „DEM" (zurück) zu verbinden. Was auch immer „DEM" bedeutet. Es kann ja auch mit einem selbst sein. So genau wissen das die Pfarrer, Prediger und Propheten ja manchmal selbst auch nicht so genau.

Glaubensgemeinschaften sind wie ein Orchester und die Glaubensriten wie ein Instrument, das man erlernen möchte. Da gibt es Flöten, Geigen und Gitarren. Sie alle erzeugen Klänge, wenn auch höchst unterschiedliche. Dass sie einen Klang erzeugen und dabei etwas in uns und um uns herum zum Schwingen bringen, haben sie alle gemeinsam. Doch damit Sie nicht mit Pauken und Trompeten „untergehen", wenn Sie Ihr Instrument in einer Band oder einem Orchester spielen oder jemanden auf dem Instrument begleiten möchten, müssen Sie Noten lesen können. MaHaBote hilft Ihnen, Ihren Platz im Orchester, d.h. Ihre Rolle in der Gesellschaft zu finden, indem es Sie im Notenlesen des Liedes Ihrer Seele und Ihres Lebens schult.

Finden Sie heraus, ob Sie Herrscher oder Diener, Schöpfer oder Erneuerer, Händler oder Helfer, Krieger oder Richter sind. Lernen Sie diese „Rolle“ (dieses Karma) zu Ihrem Wohle und zum Wohle aller Beteiligten mit Leben zu füllen. Nutzen Sie die förderlichen Potenziale, zu denen Sie einen leichteren Zugang haben und kümmern sich um die Balancierung Ihrer Schwächen. Auch dabei hilft Ihnen das MaHaBote.

Das ist wie mit dem Notenlesen: je mehr Sie sich damit beschäftigen und üben, desto eher helfen Sie sich durch (Selbst-) Erkenntnis Ihrem Karmas auf die Sprünge. Und schließlich wird es auch Ihnen leichter fallen, Ihre wohltönenden Saiten zum Schwingen zu bringen, um sich einfacher im Einklang mit sich und Ihrer Umwelt zu bringen. Dann lassen sich auch die härteren Lebensaufgaben einfacher meistern, Beziehungen harmonischer gestalten und Ziele mit weniger Aufwand leichter erreichen.

Nochmal zurück zu dem Ansatz des tugendhaften Lebens. Alle Tugenden – egal welchen kulturellen oder religiösen Ursprungs – lassen sich Wochentagen bzw. den Planeten aus den Wochentagen zuordnen.

Nehmen wir die Tugenden aus der o.g. hinduistischen Karma-Lehre:

Gewaltlosigkeit – Aufgabe des Mars (Dienstag)

Wahrhaftigkeit – Aufgabe des Rahu (Mittwoch-Nachmittag)

Geduld – **In Bezug auf sich selbst: Aufgabe des Mondes (Montag); in Bezug auf andere: Aufgabe des Mars**

Selbstkontrolle – **Aufgabe der Sonne (Sonntag) bzw. Thema des Saturns (Samstag)**

Mildtätigkeit – **Aufgabe des Jupiters (Donnerstag)**

Gastfreundschaft – Aufgabe von Merkur (Mittwoch) bzgl. Geschäftlichem; Aufgabe der Venus (Freitag) bzgl. Privatem

Somit ist MaHaBote nichts, woran man glauben muss, sondern vielleicht so etwas wie ein Schlüssel zu den Energien, Kräften oder Themen, die „dahinter" stecken – hinter einer Aufgabe, Situation, einem Denken oder Tun. Sehen Sie MaHaBote als Spiel und die Planeten sind Ihre Spielsteine, die Sie mit zunehmender Sicherheit gezielt für die Verbesserung Ihres Lebensgefühls – und das Ihrer Mitmenschen – einsetzen, selbstverständlich auch im Rahmen Ihres Engagements innerhalb Ihrer Glaubensgemeinschaft oder sozialen Organisation.

Wo kann man MaHaBote lernen?

Podcasts, Webinaren und allen weiteren Segnungen des Web 2.0 und des Social Media zum Trotz gibt es viele Zeitgenossen, die am liebsten in persönlichen Workshops oder Seminaren lernen.

2013 wird es im Herbst einen Mix aus Lesung und Workshop in Deutschland geben (Raum Höxter / Hameln / Weserbergland). Um rechtzeitig den Termin zu erfahren, empfiehlt es sich in den Newsletter auf der Buchwebsite einzutragen:

http://MaHaBote-Karmacoaching.de

2014 wird es jeweils im Frühjahr und im Spätsommer auf Teneriffa 3-Tages-Seminare geben. Hier wird auch detailliert auf die Beziehungs- und Partnerschaftsanalyse mit dem MaHaBote eingegangen.

Termine stehen auf der o.g. Website bzw. sind per Newsletter zu erfahren.

Darüber hinaus stehe ich Buchhandlungen für Lesungen und Workshops auf Anfrage zur Verfügung.

Wo sich selbst mehrere Interessenten finden und organisieren, komme ich auch gern zu Schulungen. Terminabsprachen und Konditionen können per Mail erfolgen:

service@mahabote-karmacoaching.de

Wer fit in Englisch ist, kann über das Internet kostenfrei die Grundlagen des MaHaBote erlernen (jedoch allgemein und nicht mit dem Karma-Bezug) bei: http://mahabote.net

Auflösung Übungshoroskope

*09.12.1964, 14.00 h, männlich:

	Freund 7 Saturn *Talente*	
3 Mond *Ruhm*	kritisch 4 Jupiter *Reichtum*	5 Sonne *Sehnsucht*
2 Venus *Extreme*	positiv 1 Mars *Unbeständigkeit*	6 ★ Rahu *Störung*

Das ist das Horoskop von Hape Kerkeling

*24.03.1960, Uhrzeit unbekannt, weiblich

	7 Freund Sonne *Talente*	
3 Mars *Ruhm*	4 Venus *Reichtum*	5 Positiv / Feind Mond *Sehnsucht*
2 Saturn *Extreme*	1 Merkur *Unbeständigkeit*	6 ★ Jupiter *Störung*

Das ist das Horoskop von Gabriele Susanne Kerner, bekannter als „Nena“.

Bibliographie

Bücher:

MaHaBote Little Key - Barbara Cameron, 1981

Turning The Tables - Barbara Cameron, 1984

MaHaBote - Das Geheimnis deines Geburtstags - Marcus Schmieke, 2004

Lieben was ist. Wie vier Fragen Ihr Leben verändern können - Byron Kathie, 2002

Thoughts Are Things - Prentice Mulford, 1889

Internet:

mahabote.net - Betreiberin ist die Burmesin Htet Thu Win, die in San Francisco lebt

Die Autorin

Als die Autorin Angela D. Kosa im Jahre 2004 MaHaBote kennenlernte, war es Liebe auf den ersten Blick. Endlich erkannte sie sich in einem „Horoskop", wie sie wirklich war bzw. wie sie sich fühlte und lernte, wie sie ihre Lebensqualität zum Besseren verändern konnte. Ganz offensichtlich liebte MaHaBote sie ebenfalls, denn wann immer sie meinte, sich gegen MaHaBote und für ihren Hauptberuf (Betriebswirt) zu entscheiden, stiegen die Anfragen nach MaHaBote Seminaren oder Coachings.

Sie hat über tausend Menschen auf der Basis des MaHaBote beraten, arbeitete zeitweise für eine der bekanntesten Astrologie-Hotlines, entwickelte für eine Frauenzeitschrift eine MaHaBote-Diät und brachte Anfang 2012 die MaHaBote2012-App (iPhone) heraus.

Mit dem gerade gegründeten Celestinal Verlag will sie bewusst AutorInnen fördern, die nicht für ihr Ego schreiben, sondern für den guten, wohltätigen Zweck. Somit verpflichtet sie sich selbst auch einen großen Teil des Erlöses aus ihren Veröffentlichungen, Lesungen, Seminaren etc. sozialen Zwecken zufließen zu lassen, die primär Kindern helfen.

Entschlüsseln Sie den Karma Code

Das neue Buch der Autorin: „*Entschlüsseln Sie den Karma Code Ihrer Beziehungen*“, ab Mitte April 2013 zunächst wieder als Kindle-Edition bei Amazon. Das Erscheinungsdatum für die Druckversion lag bei Drucklegung dieses Buches noch nicht fest.

Dieses Buch beleuchtet die partnerschaftlichen Beziehungen aus Sicht des MaHaBote von allen Seiten. Detailliert wird der Leser auch hier Schritt für Schritt in die Analyse und Bewältigung des Beziehungs-Karmas eingeführt.

Außerdem liefert das Buch, das wonach viele Leser des ersten Buches „Mein Karma Coach bin ICH!“ verlangt haben: mehr Details zu den (Freund-Feind-)Beziehungen der Geburtsplaneten. Dabei werden auch vermeintlich „neutrale“ Geburtsplaneten-Beziehungen hinsichtlich ihres möglichen (gemeinsamen) Karmas untersucht. Zudem werden alle Geburtsjahre, d.h. Jahres Karma Charts, miteinander verglichen und erläutert.

Für diejenigen, die sich oberflächlich für das Thema ,“Beziehungs-Karma“ interessieren, liefert es einigen Unterhaltungswert. Für diejenigen, die sich ernsthaft mit dem Beziehungs-Karma beschäftigen möchten und zum Ziel haben, es zu bewältigen, bietet sich eine bisher nicht veröffentlichte Vielfalt an Deutungsmöglichkeiten und Hilfestellungen.

Ziel ist es, das Beziehungs-Karma zu erkennen und aufzulösen – für mehr Harmonie und Verständnis für den Partner.

11919183R00118

Printed in Germany
by Amazon Distribution
GmbH, Leipzig